Eberhard Neubronner · *Das Schwarze Tal*

Eberhard Neubronner

Das Schwarze Tal

Menschen im Piemont – Eine Annäherung

PANICO

Dieses Buch gehört denen im Val Vogna, die bleiben

Erste Auflage 1996

Layout, Satz, Reproduktion,
Druck und Weiterverarbeitung:
Bühlersche Druckerei, Bad Urach
Gesetzt in Berthold Garamond
Gedruckt auf Gardapat 13
ISBN 3-926807-47-4

Inhalt

Sie haben an viele Dinge geglaubt, jetzt glauben sie nicht mehr viel, obwohl auch heute noch Wunder geschehen … Die Jungen durchstreifen die Welt, und wenn die Alten einmal gestorben sein werden, wird auch ihr Glaube mit ihnen vergehen.
Denn die Welt verändert sich und muß sich verändern.

C. F. Ramuz

Ein Fremder kommt

Ende August entdecken die Zeitungen wieder ihr Thema. Wüstensand, heißt es, sei bis zu den Penninischen Alpen geweht worden und habe das Gletschereis bluten lassen. Che miracolo! Ich hocke morgens zwischen Fels und Schutt unterm Nordgrat des Tagliaferro, den die Walser wegen der Erzgänge Ischamberg nennen. Dieser Tag verspricht warm zu werden, ein trockener Luftzug streicht gegen die Scharte. Und wirklich: Das Schneefeld am Colle Mud ist rot, als habe der Eiserne seine Adern geöffnet. Ich drehe mich um. Erst meine Spur im Harsch macht Einsamkeit sichtbar. Den Mud hat seit Tagen niemand passiert; er verbindet die vom Monte Rosa zur Poebene ziehenden Täler Sermenza und Sesia.

Wohin will ich heute noch wandern? Auf dem Kartenblatt streift der Finger einen Ort namens Alagna, berührt Riva Valdobbia und folgt dann langsam dem Horn des Val Vogna in Richtung Süden.

Blechtafeln weisen den Weiterweg. Am Rand der Gemeinde Riva, von Mauern umgrenzt, warten blanke Grabmonumente auf Besucher, Kunstblumen blühen als Zeugnisse unverweslicher Liebe. Kies knirscht. Ich entziffere einzelne Namen: Gens, Carestia, Orso, Jachetti, Vaira, Pollet, Carmellino. Die Lebenden haben den Toten Porzellanmedaillons und Worte der Hoffnung geschenkt, doch viele Ewige Lichter brennen nicht mehr.

Eine stechende Sonne nimmt mich aufs Korn. Harzgeruch würzt die Luft während meines Aufstiegs im Vognatal, kein Wipfel biegt sich, niemand kommt oder geht. Ich sehe, wie das Zickzack der Straße von Riva nach Sant'Antonio den Saumpfad zerschnitten hat. Seine Pflasterung bröckelt, die Randmauern werden bald fallen wie Dominosteine. Noch drei oder vier nasse Wochen im Herbst...

Bei Cà di Janzo endet die Teerstraße, eine Schranke sperrt den Schotterweg. Neben ihr stehen Gestalten mit bunten Mützen und Stöcken; zwei rufen *ciao* und lachen, andere blicken gleichgültig. Ich schüttle Hände. Ein Priester im dunklen Rock kommt hinzu und nennt die Männer *handicappati*. Hier in Casa Janzo, sagt er, sei Giovanni Favros Pension zum Heim für Behinderte umgebaut worden, man fahre sie Sommer für Sommer von Casale herauf.

Sehen Sie das Steingebäude mit Balkon und Altanen? Dort hat vor hundert Jahren Königin Margherita gewohnt.

Die Schatten nach Osten hin werden länger. Eschen und Erlen rascheln, irgendwo rauscht ein Bach. Wo Bauern dem Bergwald Wiesen abgetrotzt haben, schmiegen sich Holzhäuser aneinander wie Schafe vor Einbruch der Dunkelheit; ihre sonnenverbrannten Fassaden sind mit luftigen Lauben umstellt, Felsplatten decken die Dächer. Eine alte Frau sichelt Gras und bemerkt mich nicht.

Cà Piacentino, Cà Morca, Cà Verno. Ich versuche selbst zu entscheiden, welcher dieser menschenleer wirkenden Weiler vielleicht schon seit Jahren verlassen ist, als mein Weg die Wendeplatte von Sant'Antonio erreicht. Hunde kläffen, aus dem ockerfarben bemalten *Rifugio Valle Vogna* neben der Kirche dringt Stimmengewirr.

Hart hämmert es vom Turm. Ich zähle sechs Glockenschläge, die sich nach kurzer Zeit wiederholen, und fühle mich einer seltsamen Welt preisgegeben.

Dann lockt Tellergeklapper ins Haus. Mit dem Betreten der Stube verstummt jede Unterhaltung. Sechs oder acht Männer werfen Blicke zur Tür, aber keiner gibt meinen Gruß zurück, nur der am Tresen lehnende bärtige Wirt nickt scheu. Ebenso rasch, wie ich zum Objekt allgemeinen Interesses geworden bin, widmen sich die Leute wieder dem Wein und ihren Gesprächen. Daß sie Einheimische sind, verraten Wörter wie *bung* (buono) oder *sigür* (sicuro): französische gefärb-

Sant'Antonio (1381 m) im Vognatal: Sechs Häuser aus Holz, eines in Stein erbaut (früher Schule, jetzt Gasthof der Familie Vaira-Ferraris). Dazu die Kirche mit dem Glockenturm von 1733. Acht Dauerbewohner leben hier. Ohne Fahrstraße wären es bestenfalls nur noch zwei.

te Importe des Val d'Aosta jenseits der dunklen Gipfelkämme im Westen.

Möchte man essen?

Anders als das lebhafte Pro und Kontra der Diskutanten klingt die Stimme des jungen Patrons verhalten. Er spricht leise, wohl um den Fremden nicht über Gebühr zu erschrecken. Nachdem jedoch seine Ravioli gelobt, das Kaninchen gepriesen und ein weiterer Krug Dolcetto bestellt worden ist, kommt mir der Gastgeber beim Kaffee um drei Worte näher.

Gibt's hier Betten? frage ich.

Sicher.

Und wann sind Sie morgen bereit?

Ab sieben.

Das Quartier ist sauber, der Wirt hat mir ein kleines Zimmer mit Liegen aus Stahlrohr gezeigt, was brauche ich mehr. Zwei Treppen unter mir rufen die Gäste energisch nach Taten. Ihren Wettbewerb für Marktschreier gewinnt ein Diskant; erst spät räumen die Letzten den Platz, ich folge ihnen nach draußen. In der Locanda werden noch Tische verschoben.

Rundum ist es still. Lediglich fernes Gebell deutet an, wo Leben wacht oder lange schon schläft. Wie schwarze Zelte stehen die Giebel von Sant'Antonio gegen den Himmel.

Soldaten und Kreuze

Frühmorgens am Fenster: Grüne Talflanken, ein Bach und ein Berg, sein Scheitel nimmt Licht auf. Im Rifugio ist nichts zu hören. Schlaftrunken schnüre ich Schuhe, rolle den Daunensack, staple Decken und breite die Landkarte aus. Mein erster klarer Moment legt Chiffren frei – Passo del Maccagno, Colle Lazoney, Colle della Mologna grande. Drei Jöcher, acht Stunden. Irgendwann dann als Lohn aller Kniebeugen die ligurische Küste, das Meer.

Hat der Wirt zwischen Kühlbox und Espressomaschine übernachtet? Pünktlich um sieben Uhr empfängt er mich dort, nickt wie gestern (aber diesmal erkennend) und sagt:

Caffelatteburropaninimarmellata.

Diese Formel erlaubt weder Ja noch Nein. Sie teilt nur Obligatorisches mit. Ich warte also, bis einer Düse Dampf entweicht und das für mediterrane Verhältnisse kolossale Frühstück serviert wird: Kaffee, heiße Milch, Brötchen, Butter, Marmelade. Während ich kaue, sitzt mein Gastgeber über der Rechnung. Sein Mund läßt inneren Druck erkennen. Am Ende spüre auch ich Erleichterung und zahle; er begleitet mich zur Kirche. Von dort aus ist schon die Mulattiera zu sehen, der Maultierpfad, grau wie ein Eselsrücken.

Dann buona passeggiata. Man nimmt die Straße zum Colle Valdobbia?

Nein. Zur Rivettihütte und weiter.

Wohin?

Von der Schweiz nach Ligurien.

Wieviele Tage geht man?

In allem zwei Monate.
Madonna.
Ich schultere den Rucksack, und wie auf Verabredung erwacht das Haus:
Papaaa?
Als sich die Frage vierstimmig wiederholt, muß der Vater Pflichten erfüllen; mit *wir sehen uns* eilt er fort. Da ich nicht daran glaube, soll mich wenigstens seine Visitenkarte an hier erinnern – zwei Gramm Val Vogna, handbreit bedruckt, neben das Bild des Albergo hat jemand den Namen *Vaira Silvino* gemalt.

Hühner stelzen hinter Zaunlatten. Es ist kalt. Die Sonne beleuchtet Kämme und Gipfel. Das noch im Schatten liegende Dorf Sant'Antonio wird von Hügeln geschluckt, der weiße Glockenturm geht verloren: Fingerzeig in Richtung Maccagno oder letzter Außenposten des Tals? Gleichviel. Mir ist plötzlich klar, daß ich das Ungewisse zu suchen beginne. Feste Posten wie Planung oder Sicherheit werden entbehrlich, ein leichter Wind trägt sie davon.
Zwischen Hasel- und Ginstergebüsch führt die Trasse bergwärts. Sie begegnet dem Lauf des Torrente Vogna; der Fluß darf noch strudeln, niemand hat ihn bisher in Rohre gezwängt. Zu beiden Seiten des Talgrunds wachsen Bäume. Je näher am Grat ihre Wurzelfüße Halt finden, desto gieriger greifen sie nach dem Himmel. Fichten ziehen den Schatten, Lärchen das Licht vor.
Krrr-Krr, kreischt es im Unterholz.
Die Rufe stellen sich als Geräusch eines Hackeisens heraus, dessen Stiel knotige Finger umfassen. Ein dürrer Mann unbestimmbaren Alters (geflickte Hose, verschossenes Hemd) furcht den Saumweg und richtet sich auf. Sein Blick mißt mich mit Vogelaugen. Wir schweigen beide. Dann sagt mein Gegenüber:
Buon giorno allora.
Schönes Wetter, antworte ich.

Giovanni Negro,
Bauer und Wegmacher
aus dem Weiler Piane
di sopra. Wo die Natur
seit jeher hart zugriff,
bleibt für schöne Worte
nichts übrig.

Jaja.
Könnte auch schlecht sein!
Senz'altro.
Bekommt dieses Tal mehr Niederschläge als Sonne?
Genau.
Warum?
Der Monte Rosa macht's. Bringt Italien alles und der Schweiz nichts. Uns das Wasser, denen die Trockenheit.
Aber morgen?
Ist es gut. Bis zur nächsten Woche.
Weshalb dann heute schon Regenrinnen?
Weil man nie sicher sein kann.
Dem Mann scheint unser Dialog zu gefallen. Er lächelt, ob aus wachsendem Vertrauen heraus oder wegen meiner letzten Frage, bleibt offen. Ich forsche weiter:
Wo sind Sie daheim?
Dort oben, Le Piane. Piane di sopra. Und Ihr?
Im Norden.
Germania? Von euch gibt's hier wenige. Damals... hatten sie Uniformen an. Als ich ein Bub war.
Er habe, sagt der Wegmacher lauter, die Leute durchs Fernglas beobachtet. Sie seien *wie Wanderer heute* zum Talschluß gelaufen, ein halbes Dutzend Soldaten, ihr Comandante vorweg, das könne sein Nachbar bezeugen. An ihren Helmen hätten sie die Deutschen erkannt, vierundvierzig im Sommer. Nein, wiedergekommen sei keiner von denen.
Ob sie vielleicht...?
Unmöglich, no. *Tedeschi* hauten nicht einfach ab. Ohne Befehl keine Tat – wie beim Massaker der Nazifaschisten in Alagna. Dort seien acht Partisanen vor die Friedhofsmauer gestellt und füsiliert worden, aber nun müsse man heuen, arrivederci.
Damit verschwindet er.

Der waschblaue Himmel hat an Farbe gewonnen. Ich lasse den Flecken Peccia hinter mir, wo Blockhäuser auf steinernen Sockeln ruhen. Über ihnen wacht wie ein regloser Hirt die Kirche San Grato, an ihrem Chor wird mit goldenen Lettern vom guten Menschen der Berge erzählt:

Hier starb Giacomo Clerino am 13. Februar 1870, 76jährig, unter einer Lawine. Als erster Wärter des Ospizio Sottile schützte er mehr als zwei Jahrzehnte lang die Reisenden vor Kälte, Schnee und Sturm. Der Tod ereilte ihn, während er Wanderern den Weg zur Paßhöhe zeigte. Hundert Jahre danach erinnert sich seiner dankbar die Gemeinde Riva.

Schön, denke ich. Und wer formuliert das Schicksal der Nachfahren? Eignen sich Landflucht oder saure Wiesen für glatten Granit? Meine Karte des Alpenclubs kann dazu nichts melden, sie nennt jedoch den nächsten Bach *Torrente Solivo* und die ihn querende gemauerte Brücke *Ponte Napoleonico.*

Neue Fragen: Dominierte der korsische Kaiser vor zweihundert Jahren auch im Val Vogna? Was hatten seine Soldaten dort verloren?

Dumpfes Poltern unterbricht meine Rückschau. Auf einem über die Vogna führenden Steg wird gekämpft. Zwei Dickschädel ringen um Vorherrschaft; beide benutzen wirksame Waffen, aber jeweils ohne Erfolg: Der Hirt knüppelt mit kalter Wut, die vorm Abgrund scheuende Kreatur ist in Panik erstarrt. Ich sehe dem Duell eine Weile lang zu und wähle schließlich, da nichts sich entscheidet, den Weg nach Westen zum Colle Valdobbia.

..pizio Sotti.. Ore 2.15.

Kaum lesbare Lettern am Stamm einer Lärche reichen aus, um den Schwenk zu rechtfertigen; die Mulattiera macht in Kehren mit dem Vallone di Valdobbia bekannt. Platten, Treppen und Fußleisten deuten darauf hin, daß der Kurs einst für schwere Fracht angelegt worden ist. Maultierkolonnen haben den Gneis geschliffen, jetzt glänzt er wie Speck, ich glaube noch das Johlen der Treiber zu hören.

Später teilt Lora Moretto mehr dazu mit. Er steht grau und gebeugt

neben seiner Hütte, als ich die Alpe Larecchio erreiche. Der Weise, in Wahrheit ein pensionierter Ingenieur aus Bornate Sesia, stellt sich vor und sagt:
Kommen Sie doch herein! Bitte sehr.
Die Signora beginnt auf zwei Worte hin Mokka zu sieden. Ohne sie, ihr Strickzeug und den fauchenden Gasherd hätte Hieronymus im Gehäus' einen Doppelgänger gefunden.
Wir trinken Kaffee. Das kleine Haus am Wiesenrand ist einfach möbliert, ringsum hängen Fotos, unter ihnen Motive des Tals, Remo Lora Moretto selbst hat sie mit Sinn für Effekte gestaltet: Schwarzweiß, mein Herr, ist *wirkliche* Kunst.
Er berichtet von einem See, der früher das Becken von Larecchio gefüllt habe; Bauern hätten ihn leerlaufen lassen um Weiden zu schaffen. Die Straße zum Paß? Interessant. Sie sei vor Jahrhunderten Teil der Verbindung von Mailand nach Lyon gewesen, eine Route für Säumer, Packesel, wandernde Arbeiter – allerdings nicht während schneereicher Winter. Das Ospizio? Keine höher gelegene kirchliche Herberge gebe es in den Alpen. Überhaupt, dieser Kanonikus Nicolao Sottile. 1822 habe der Domherr die Unterkunft quasi gestiftet, *mille-otto-cento-venti-due*, fabelhaft.
Lora Moretto öffnet eine Schnapsflasche.
Grappa?
Nein danke.
Ich deute auf meinen Kopf, murmle etwas von Wiedersehen (wann auch immer) und nehme Abschied. Der Einsiedler hebt wortlos den Arm. Seine Frau sagt:
Aber ja, Sie sollten unser Hospiz besuchen. Muß man gesehen haben! Fragen Sie hinterm Hügel nach Carmellino Osvaldo, er weiß Bescheid und wird Ihnen helfen. Arrivederla.
Osvaldo grüßt. Der Mann aus Riva, ein ebenso schlanker wie muskulöser Dreißiger, hat Signor Remo zufolge vor kurzem die Alm mit vier Hütten gekauft. Er hackt Holz und antwortet knapp: Nein, dro-

ben am Joch sei nichts los. Seit dem letzten Jahr kein Wirt und kein Hüttenbetrieb. Hier auf Larecchio freilich könne man bleiben, die Donna besorge das schon. Falls Huhn oder Polenta genügten und nachts eine Decke?

Perfekt. Ich gehe trotzdem weiter. Bin bald zurück.

Dieser Mittag ist heiß. Kühe liegen faul auf der Weide; wenn sie die Köpfe herumwerfen und Fliegen verjagen, lärmt Blech. Frau Carmellino windet Hemden am Trog aus, ein Kind rennt davon. Nach steilem Anstieg Luft holend, sehe ich Mutter und Tochter Hand in Hand als Zwerge vom Brunnen zum Stall laufen.

Die Pfadspur schlängelt durch Blockwerk dem Colle entgegen. Zirbelkiefern krallen sich in den Grund des Piano del Celletto, der Höhenwind hat ihre Zweige kupiert. Auch jetzt pfeift er über die Ebene. Ich hocke im Schutz einiger Felsen und versuche, mit Gas etwas Suppe zu wärmen. Mein Blick bleibt an kleinen rostigen Grabkreuzen hängen, deren Arme in Lilien enden. Das größere trägt die Jahreszahl 1743, ein anderes den Namen *Maria Maddalena*, vom dritten ist nur noch der Stumpf übrig.

Verschneite Spuren

Sie erreichten den Paß am Abend. Caterina und Maria zuerst, Pietro hinterher. Unter der Alpe Cialfrezzo hatte es zu schneien begonnen, nun wurde das Wirbeln (so dachten beide Frauen für sich, denn keine wollte die andere ängstigen) mit jedem Schritt stärker. Pietro Lobbietto war froh, daß sie nicht mehr steigen mußten. Der Rest nach Montata im Vognatal würde gelingen, noch eine Stunde vielleicht bis zur Osteria und immer bergab.
Niemand sprach. Die Senke des Colle Valdobbia bedeutete Trost und Ansporn zugleich; hier durften sie, Leib gegen Leib pressend, im Zwielicht verschnaufen. Alle atmeten schnell. Caterina Miretta hustete, Maria Maddalena Erba fiel das Wachbleiben schwer, wieder und wieder nickte sie stehend ein. Schließlich klopfte ihr Pietro auf den Rücken und rief:
Nicht schlafen! Wir gehen weiter!
Der Wind riß seine Worte vom Mund, aber Caterina hatte verstanden. Sie nahm die Ältere beim Arm:
Komm. Er trägt deine Last.

Vom Sattel weg wußte Lobbietto, daß jene in Verdobi bei Gressoney-Saint-Jean recht gehabt hatten. Man war gewarnt, ja beschworen worden: Das Wetter frißt euch. Seht die Schneefahnen der Punta Triste! Doch wer hört zu, wenn Verwandte im Sesiatal schon den Empfang vorbereiten? Ostern, hatte es geheißen, könnt ihr zusammen genau so gut nächstes Jahr feiern. Was aber hilft gegen Heimweh?

Also waren sie aufgebrochen. Zu spät an diesem 13. April, zu müde. Beschwert vom Leben in fremden Dörfern: ein Schuhmacher und zwei Mägde.

Pietro schleppte jetzt außer seinem Sack auch das Zeug der Frauen, je ein Bündel auf beiden Schultern. Seine Tritte im Weiß ließen tiefe Löcher zurück und wurden verweht. Er stapfte voran, blieb jedoch bald wieder stehen. Der Wind wuchs zum Sturm. Waren bisher noch ein paar Berge schemenhaft sichtbar gewesen, so löschte nun die Dunkelheit alle Konturen.

Wohin? fragte Maria Erba den Führer.

Hinunter, murmelte Caterina an seiner Stelle. Nach Goret.

Dort, nahe Mollia, wurden Maria und ihr Schwager Lobbietto erwartet – sechs Stunden vom Colle entfernt.

Völlig erschöpft wühlten die drei sich talwärts. Sie beachteten kaum mehr den Weg, hatten das Ziel fast vergessen und jede Orientierung verloren.

Irgendwann glaubte Caterina Miretta aus Rusa, ihrer Jugend wegen zuversichtlicher als der Mann, einen Schatten im Schnee erkannt zu haben. Hirten nannten den Wiesenplan unterm Valdobbia seit Jahrhunderten Piana Grande, ein großer Felsblock markierte ihn.

Das Mädchen hielt an. Es schrie seine Entdeckung heraus, doch Pietro war taub. Er lauschte anderen Stimmen, die den Platz am Feuer des Padrone von Montata versprachen und einen wärmenden Punsch: nur langsam, mein Freund.

Der Schuster war klug und im Gressoneytal geachtet. Rund um Fontainemore suchte keiner Händel mit ihm. Dieser Valsesiano, sagten sie, hat einen Kopf, um Herren zu lehren, er soll bei uns bleiben. Aber wer kannte schon sein Bedürfnis, Jahr für Jahr zweimal über den

Paß zu laufen und Serafina zu sehen? Fina, die wartete. Deren Zutrauen grenzenlos schien, denn sie waren einander versprochen. Ihre schlanke Gestalt stand vor Pietro Lobbietto, während er keuchend anhielt.
Goreto! Endlich daheim.

In diesem Augenblick taumelte Maria Maddalena am Schwager vorbei. Caterina nahm zwar noch den gegen Nacht und Kälte rudernden Mann wahr, wollte aber die Hand der Erba nicht freigeben.
Enrico, krächzte sie.
Es schneite wie toll. Windwölfe heulten, ein schauriger Chor.
Rico! Carissimo ...
Pietro ließ Rucksack und Bündel fallen. Jemand riet ihm zu rasten. Sitzend sah der Wanderer das eigene Haus am Sesiafluß, seine Eltern kamen herbei, und er fragte den unsichtbaren Gefährten verwundert, was das Erscheinen der Alten bedeute, sie seien doch tot?
Die Stimme antwortete: Ohne Weg wirst du sterben.
Diese Aussicht schreckte Lobbietto nicht. Im weichen Bett war er guten Mutes und dachte zuletzt: Maria und Catta haben Montà erreicht. Ich kann ruhig warten. Bis morgen.

Mit starrem Körper Sack und Pack schützend, wurde er eine Woche später gefunden. Dreihundert Schritte tiefer lagen die Frauen Seite an Seite im Schnee.

In Goreto und Rusa breitete sich keine Sorge aus, denn damals kam es oft vor, daß Wetterstürze zu weiten Umgehungen zwangen. Trotzdem brannten Kerzen, man betete häufiger als sonst und bewog den Pfarrer von Mollia, der Reisenden während seiner Fürbitten zu

Die beiden Kreuze am Piano del Celletto erinnern an Maria Maddalena Erba und Pietro Lobbietto, die im April 1743 beim Abstieg vom Colle Valdobbia während eines Schneesturms erfroren sind. 80 Jahre später, nach weiteren Unglücksfällen, wurde auf dem Joch das Ospizio Sottile erbaut.

gedenken. Als sie auch vier Tage nach Ostern nicht aufgetaucht waren, wurden einige Leute nervös.
Suchen wir, sagte Caterina Mirettas Verlobter Enrico. Fina indes wehrte ab und meinte, erst müßten die Brüder Lobbietto vom Viehmarkt heimkommen. Außerdem sei Pietro ihr gestern nacht im weißen Mantel erschienen, der Hermelin bringe Glück.

Am folgenden Tag steuerten drei Bauern eine Taverne der Stadt Ivrea an. Dort hockten, dem fernen Goreto nach erfolgreichem Handel doppelt verbunden, Giovanni und Giuseppe Lobbietto. Die Nachbarn aus Grampa Sesia waren beiden willkommen und wurden beim Rotwein mit Fragen bedrängt: Ob sie den Rückkehrer Pietro getroffen hätten? Wie ihm denn sein Schuhflicken schmecke? Maddalena und Catta seien natürlich wohlauf, non è vero?
Nein. Alle werden vermißt.
Per l'amor di Dio!
Giuseppes Ruf schnitt den Männern die Luft ab. Dann sagte einer: Es taut. Hört doch den Wind...
Spätestens unterm Dobbia, fügte der Wirt hinzu, sind eure Lieben umgekehrt. Ihr sagt, in Grassoneto sei nichts bemerkt worden? Dort wenden sie doch jeden bunten Stein auf der Straße – wer würde da drei Zugvögel übersehen? Geht nach Fontmor oder Donnaz! Die arbeiten schon wieder. Va bene?
Giuseppe und Giovanni stimmten zu. Sie nahmen den nächsten Postwagen und fuhren, die Berge ringsum wie Feinde betrachtend, noch am selben Tag durchs Aostatal bis Pont-Saint-Martin. Dort lief ihnen ein Knecht von Caterinas Brotherr entgegen und erzählte, aus Donnaz sei Catta seit sechs Tagen verschwunden, der Patron wolle das Mädchen aber nicht länger missen und habe nach dem Büttel geschickt.
In Fontainemore hatten die Dörfler weder etwas von Pietro Lobbiet-

to gehört, noch schien man eine Maria Maddalena Erba zu kennen. Erst Verdobi und dann Gressoney-Saint-Jean brachten Klarheit:
Der Mann? Zwei Mädchen? Sind nicht wiedergekommen.
Ein Bursche bot Hilfe an. Bald, sagte Antonio Brena, wissen wir alles. In seiner Begleitung stiegen sie anderntags auf. Die Zungen des Mittelmeerwinds leckten weiter am Schnee, Sperlinge hüpften.

Der gleiche Morgen sah Fina ratlos. Pietro Lobbiettos Braut war zugetragen worden, eine Frau aus Montata sei kürzlich hinunter nach Riva gelaufen, um Salz und Schnaps für die Osteria zu holen. Im Dorfladen solle sie *von dieser Sache* gehört und beteuert haben, kein einziger Gast halte sich bei ihnen auf. Ihrer Kenntnis nach könne auch jetzt vom Joch her niemand den Weiler erreichen, wenn man dazuhin bedenke, wie das schon am Heiligen Freitag getobt habe, gnade uns Gott!
Hoffst du auf Wunder, Serafina?

Antonio Brena spurte im kniehohen Pulver von Gressoney bis zur Scharte. So konnten die Brüder intensiv Umschau halten. Sie sondierten mit Stangen verdächtige Buckel, doch beiderseits des Colle Valdobbia gab es nur weißes Schweigen und eine unendliche Sicht übers Land.
Als man das oberste Plateau gegen Larecchio hinter sich ließ, sagte Giuseppe:
Wir werden nichts finden.
Da antwortete Brena: Schaut nur...
Der Frost hatte ihre letzten Gebärden versteift, sie ruhten wie schlafende Kinder. Giovanni stöhnte beim Anblick offener Münder, schneegepuderter Haarflechten und verrenkter Frauenbeine in grob gestricken Strümpfen. Ach, dieses Elend sehen zu müssen!

Bitte, sagte Giuseppe Lobbietto. Seid still. *Weckt Maddalena nicht auf.* Dann schlug er die Hände vors Gesicht.

Cavaliere Chiesa aus Riva, in jenen Tagen Vertreter des Alagneser Notars Gnifetta, faßte Ende April 1743 das Geschehen vom Piano del Celletto zusammen:

Die Toten wurden am Hang unterhalb der Großen Ebene gefunden, diese Lokalität heißt Ciletto. *Alle drei blickten zum Himmel. Pietro Lobbietto lag rücklings, beide Arme gekreuzt, den Sack und die Bündel der Frauen im Nacken, sein Haupt war mit Tuch bedeckt. Eine Viertelstunde bergab befanden sich Maria Maddalena Erba, verheiratete Lobbietto, und Caterina Miretta. Jede von ihnen hatte den blauen Schurz übers Antlitz gelegt ... Die Position der Leichen sowie das Fehlen jeglicher Blessur lassen keine Untat anderer zu ... Lobbietto, Miretta und Erba sind offenbar fehlgegangen. Sie erstickten im Sturm.*

Ehe solches geschrieben werden konnte, hatte der Notar angeordnet, die Verunglückten vom Ort ihres Sterbens nach Peccia zu schaffen. Vor dem Kirchlein San Grato wurden sie durch Pietro Chiesa und zwei Talbewohner identifiziert.

Dünnes Geläut verhallte zwischen den Bergen. Fina stand aufrecht. Enrico mußte während des Abschieds von Cattas Bahre entfernt werden, Männer umarmten und führten ihn. *Staub zu Staub* verhieß das Heilige Wort, aber Mollias Boden schloß sich nicht leicht über seinen Kindern. Im Poltern gefrorener Erdbrocken kam es wie eine Widerrede zurück, und als die Trauergäste gegangen waren, hing ein eisblauer Himmel über dem Tal.

Post für Marino

1743. Maria Maddalena. Ich kauere neben den Kreuzen am Piano del Celletto und zeichne mit dem Finger kleine Buchstaben nach, um schließlich noch außer *Lobiet* etwas wie *Aprile* zu entziffern. Es ist kalt. Der späte Sommer hat keine Kraft mehr.
Nach zehn Minuten Aufstieg pulsiert mein Blut wieder schneller, und die Lücke im Grat wird sichtbar. Das Hospiz am Colle Valdobbia erkenne ich ohne Glas: einen Kubus vor rosa geflammten Wolken. Sie hätten aushalten müssen, geht es mir durch den Kopf, doch die Angst hat ihnen alle Sinne vernebelt. Warum habt ihr nicht eure Hände benutzt und ein Schneeloch gegraben?

Bei der Rückkehr zur Alm fällt Dämmerung ein, die sich mit dem Dunst feuchter Bergwiesen mischt. Vom Tal her tönen menschliche Rufe und Kuhglocken im Wechselgesang, zwei Hunde jaulen. Jetzt sammelt Osvaldo Carmellino sein Vieh. Ich ahne schon Nähe und Wärme; bald wird Maismus gerührt werden, gelb wie der hinter Gipfeln steigende Mond.
Die Frau auf Larecchio heißt Flavia. Sie schiebt einen dritten Stuhl an den Tisch, putzt ihre Brille und fragt:
Hunger haben Sie doch?
Ihr Mann, während ich dem kaum zweijährigen Töchterchen zuzwinkere, holt Holz herbei und schürt das Feuer. Scheit nach Scheit knackt. Durch den Rauchabzug fliegen Funken.
Der hohe, im Hintergrund halbdunkle Raum dient den Carmellinos

gleichzeitig als Käserei, Wohnstube, Kochplatz und Depot für Vorräte. Armbreite Dielen, schwarze Dachbalken und die niedrige Tür dokumentieren das Alter der Hütte. Vorm Eingang zur Schlafkammer brabbelt es, winzige Hände recken sich aus einer Wiege.
Wir essen gebratenes Huhn und Polenta. Außer den Gabelgeräuschen, dem Glucksen des Säuglings und ein paar Windstößen im Kamin unterbricht kein Laut unser Mahl. Ich beobachte die Eltern, wie sie ihre Teller mit Brotkanten wischen. Das weißblonde Kind Samanta staunt mich an. Sobald der Gast vom Tisch aufsteht, tastet es nach dem Bein seiner Mutter.
Neun Kühe, sagt Osvaldo, melken wir hier.
Er steht am offenen Feuer, schwenkt den Drehgalgen und wärmt die Milch. Sie dampft im Kessel...
...bis siebenunddreißig Grad erreicht sind. Rühren ist wichtig. Vorher hab' ich Lab zugegeben, einen Stoff aus dem Kälbermagen, man trennt damit Festes und Flüssiges. Dann greife ich zu.
Beide Arme versinken im Milchsee, schmatzender Quark kommt zum Vorschein – der Bruch. Behutsam füllt Osvaldo drei runde Plastikformen, drückt ihren Inhalt glatt und erklärt:
Wir nennen den Käse Toma. Man kennt ihn überall. Aber nun soll er reifen, zuerst in Salzwasser und dann Woche für Woche kühl an der Luft. Wollen Sie eine Scheibe vom alten probieren?
Er schmeckt leicht säuerlich und wirkt nicht fett.
Gut, sage ich.
Carmellino zuckt mit den Schultern: Euch Ausländern ist unsere Art zu arbeiten fremd. Hier im Vognatal könnten viele Leute mit Ihnen darüber reden. Aber wer buttert, wer käst? Wer bewirtschaftet noch unsere obersten Almen und bleibt einen Sommer lang dort? Es werden weniger Jahr für Jahr.
Der Wein ist getrunken. Glut knistert, Flavia hat sich zurückgezogen. Die Kinder schlafen.
Buona notte!

»Euch Ausländern ist unsere Art zu arbeiten fremd«, meint der junge Osvaldo Carmellino. Ein Teil solchen Tuns: Im Val Vogna werden, wie es die vom Rhoneraum zugewanderten Walser seit Jahrhunderten praktizieren, Frucht und Gras auf Querstangen unterm Hausdach getrocknet.

Ich lasse mich vom Schein meiner Lampe zum Nebenhaus führen. Das Zimmer dort ist bis auf ein Bett mit Wolldecken leer. Im Stall unter mir schnaufen Kühe und Kälber; wenn ihre Hufe gegen die Wand schlagen, bebt der Boden.

Am Morgen meint Flavia, dieser Tag sei zu schön um spazierenzugehen. Ich solle bleiben, den Sommer genießen, meine Sorgen vergessen und überhaupt: Larecchio könne Besucher zufriedenstellen. Jeder sehe das selbst, man finde hier bis Ende September alle guten Dinge des Lebens, davvero, sogar aus Mailand kämen die Freunde der Berge, heute abend koche sie Gulasch. Was also nun?
Ihre Rede trifft mich auf leeren Magen. Sie hat recht, denke ich. Der Sommer, die Alm, das *dolcefarniente*: kein Problem. Aber was wird aus Ligurien?

Ein neuer Weidegang wartet. Osvaldo erscheint, setzt sich mir gegenüber auf die Bank und beginnt Brot in Stücke zu reißen. Seine Hände riechen nach Mist, der Brunnen plätschert. Die Frau hat drei Schalen Caffelatte vom Herd ins Freie getragen und ruft:
Nicht kalt werden lassen!
Ihre Brille fängt Sonnenlicht ein; jede Bewegung des Kopfs läßt Reflexe über den Tisch huschen.
Wir löffeln. Ob der Bauer meinen Zwiespalt spürt?
Ihr Rucksack ist schwer, sagt er nach einer Weile. Sie haben lange Wege vor sich. Gestern hier, morgen im nächsten Tal. Was sucht man?
Das Meer, antworte ich.
Warum *fahren* Sie nicht? Es gibt doch Straßen!
Osvaldo Carmellino winkt unvermittelt ab und legt eine Hand auf den Tisch.

Also dann. Wir schicken dem Vater unsere Grüße, Marino heißt er und lebt in Rabernardo mit meinem älteren Bruder. Ugo muß keine Angst haben, beide Stierkälber sind wieder gesund. Sie fressen, ihr Husten läßt nach. Lora Moretto hilft mir beim Fundamentieren des Generators, die Zeichnung ist fertig, das Hauptkabel wird im Boden verlegt. Samanta und Veronica geht's bestens. Natürlich, unser Nonno mag seine Kleinen. Wenn er auch lieber Großvater von zwei Buben wär'...

Ach so?

Ich verstehe die Botschaft und bin mir bewußt, wer sie transportieren soll.

D'accordo, höre ich mich sagen. Alles wird ausgerichtet: Marino in Rabernardo, die Kälber, der Generator. Ein Kabel im Boden, Veronica und Samanta. Was bin ich schuldig?

Fünfundzwanzigtausend für Halbpension.

Bitte.

Danke und ciao. Man sieht sich?

Kann sein.

Viele Traglasten, hat Osvaldo erzählt, würden hier wie einst mit Eseln oder Mulis gesäumt. Wer Größeres vorhabe, rufe den Helikopter und zahle je Sekunde 600 Lire; das entspricht im Val Vogna zwischen Cà di Janzo und der Alpe Larecchio einem Retourpreis von 150 Mark. Zehn Flüge seien das Mindeste, was die Baufracht erfordere, und Zement oder Stein gingen mächtig ins Geld.

Daran denke ich, während Flavia sorgsam die Banknoten faltet. Hühner gackern, das Kleinkind schreit. Seine Eltern eilen ins Haus.

Meinen Kurs schlägt die Landkarte vor. Das Dorf Peccia umgehend, schwingt eine Querung von Larecchio zu den Almen Dentro und Spinale. Der Weg ist rot eingezeichnet, ich finde aber nur Hochwald und Erlengestrüpp, dessen Blätter wie Sand scheuern. Jeder Schritt läßt schwarze Insekten surren, das hohe Gras riecht verkohlt und ist bis zur Selbstentzündung erhitzt.

Was knackt?

Atemlos bleibe ich stehen. Vom Corno Bianco herunter, als Monolog ohne Anfang und Ende, stäubt ein Gletscherbach.

War wieder etwas? Ich täusche mich nicht. Jetzt prasselt es, als würden trockene Zweige vom Feuer gefressen. Nur der Brandgeruch fehlt. Mein Kopf fordert trotzdem zur Flucht auf, doch die Beine melden: Alle Muskeln sind außer Funktion.

In diesem Moment gibt sich der Hund zu erkennen. Er bricht durchs Gehölz mit der Schnauze am Boden, ein geflecktes und struppiges Tier, das beim Anblick des Wanderers seinen Kopf hebt, beide Ohren spitzt und die Rute krümmt. Ich sehe, wie Lefzen blanke Zähne entblößen. Seltsame Lichter fixieren mich: eines braun, das andere blau. Dieser Blick ist fatal.

Passa via! Weg mit dir!

Der Rüde reagiert nicht. Ohne Furcht pirscht er weiter und dreht sich dann um.

Kommst du?

Unwillkürlich lache ich laut, den die Kreatur zeigt menschliche Züge. Der Hund indes zuckt zusammen. Meine Schreckhaftigkeit ist verflogen, sie hat sich auf ihn übertragen. Jetzt sind wir quitt.

Er setzt sich in Bewegung.

Nun gut. Wie du willst.

Wir brauchen dich nicht

Mein Freund Ennio Fanetti stammt aus einer Walserfamilie. Er lebt als Maurer in Alagna am Südfuß des Monte Rosa, wo hinter Hotels und Parkplätzen kastanienfarbene Holzhäuser stehen, deren Baustil an die aus dem Wallis zugewanderten Siedler erinnert. Ihre deutsche Sprache konnte sich im Piemont seit dem 13. Jahrhundert behaupten, doch unsere Zeit gewinnt den Walsern nicht genug Eigenwert ab; die Nachkommen alemannischer Bauern werden mehr oder minder zur folkloristischen Kuriosität verkürzt.
Ennio freilich hat starke Wurzeln. Sein Händedruck deutet auf Widerstand.

Der Himmel zieht Vorhänge zu, Hose und Hemd sind schweißnaß. Mein Tier hat sein Tempo verschärft. Flieht es mich oder den murrenden Donner? Schon klatschen Tropfen, ich eile. Am Hang liegt, von Knöterich umwuchert, die Alpe Spinale. Das Nest wirkt leer. Seine Bewohner sind fort, wer weiß, ob sie wiederkommen.
Von der Walserkultur habe ich bisher weder viel gehört noch gesehen. Beim Anblick verzapfter Eckbalken schieben sich nun aber nicht allein zehn alte Dörfer rund um Alagna ins Gedächtnis, sondern auch das Maiensäß Zmutt bei Zermatt mit seinen wettergegerbten Schobern. Hat diese Alm im Val Vogna Verwandte jenseits des Grenzkamms?
Zuletzt durch Brennesseln watend, erreichen wir unseren Schlupf. Der Hund läßt mir Vortritt und streckt sich dann lang.

Mich ignoriert er.
Ich hocke auf der Altane. Sie ist, talwärts offen, aus Pfeilern und Querstangen zusammengefügt: ein hölzerner Käfig mit mehreren Ebenen. Vergleichbares habe ich erstmals im unteren Vognatal entdeckt. Es dient, wie mir Osvaldo Carmellino später erklären wird, zum trockenen Lagern von Frucht oder Gras.
Kalte Zugluft weht ums Gehäuse. Meine Hand tastet über Bohlen und Pfosten, als könne sie sich noch am Leben entschwundener Hirten wärmen. Doch das Holz gibt nichts her. Spinale ist Teil einer Welt ohne Zukunft. Welche kann wachsen an ihrer Stelle?
Monoton trommelt Regen auf Dachplatten; der Begleiter, mit feuchtem Fell, igelt sich ein. Ich rutsche näher.
Sollen wir hier versauern?
Sein Schwanz beginnt rhythmisch zu klopfen. Aha! Diese Antwort und eine für Sekunden wieder sichtbare Sonne genügen.
Wenn du also meinst, sage ich, laß uns gehen.
Wiesen dampfen im Licht, perlenbesetzte Halme funkeln. Die Störung ist weitergezogen. Auf hoher Bahn rollen Kugeln, deren Radau schwächer wird und schließlich verstummt. Wir starten. Weil ich letzte Blicke in Richtung Alm werfe, verhofft der Köter und winselt. Dann trabt er bergab.
Buon giorno, Signora. Wo bin ich?
Drei Walserhäuser drängen sich wie Kühe am Bach um den Brunnen. Ein viertes hinter ihnen scheint noch zu warten. Das morsche Trio steht ineinander verkeilt; löste man ein Gebäude heraus, würden alle zusammen stürzen und sterben.
In Piane di sopra, sagt die Frau.
Sie mustert mich mißtrauisch. Ihre Stirn ist zerfurcht, Hornspangen bändigen Haarbüschel. Falten zwischen Nase und Mund geben dem Gesicht etwas Strenges, das der schroffe Ton einer Frage nicht mindert.
Was wollt Ihr?

Noch bevor ich antworten kann, explodiert die Stimme: *Cuccia! Via!* Schrill, mit erhobener Faust, werden zwei Kläffer verjagt.
Nichts, erwidere ich und straffe den Oberkörper.
Meine Pose macht keinen Eindruck, weil Gockel zum Alltag der Bäuerin gehören. Sie schlurft davon, die Haustür fällt zu. Fertigt man Fremde so ab?

Im finnischen Urwald, hat der Dichter Juhani Aho geschrieben, siedelte einst ein Trapper. Er lebte ohne Verkehr mit anderen Menschen, umgeben von Wildnis und Wölfen. Nach Jahren sah dieser Mann helle Holzspäne auf dem Fluß treiben. Die Axt schulternd lief er drei Tage lang, fand seinen neuen Nachbarn und – schlug ihn tot.

Rauch ringelt aus einem Rohr. Zwei Puter stolzieren im Gleichschritt; sie kollern empört, die Runzelhaut ihrer Hälse läßt an Hundertjährige denken.
Nein, ich bin weder geschlitzt noch zerhackt worden. Doch jemand hat mir Bescheid gegeben. Du kannst gehen, hieß es, wir brauchen dich nicht.
Der Hund winselt und spürt meine Unruhe, während ich das Bild von Le Piane betrachte: Hosen am Wäscheseil, Kübel mit Hühnerfutter, ein Sägeblatt, schiefgetretene Schuhe, schaukelnde Wurstblasen, Tragekörbe, leere Eimer, Brötchen in Plastiksäcken, zum Trocknen ausgebreitete Häute, Heugabeln, ein Feldstecher und Zeitungen, mit denen der warme Wind spielt.
Kein Gegenstand ist hier nutzlos, aber jedes dekorative Beiwerk fehlt. Alles hat Sinn und Funktion. Im geordneten Durcheinander gurren Tauben, eine Katze leckt sich den Schwanz. Ihr stehen nach altem Brauch die Mäuse zu, das flatternde Volk soll nichts als wohlschmeckend sein und wird in der Bratpfanne enden.

Wir verlassen Piane di sopra. Niemand wünscht *bun dì* (guten Tag). Steindächer schimmern, unter der Mittagsonne sind Wege lang und Winkel kurz. Ich fühle mich fast schon wie jener traurige Peter Schlemihl, der seinen Schatten dem Teufel verkaufte.
Mein Führer keucht. Den nächsten See mag er leersaufen.
Hinter Le Piane kreuzen wir den Crös da Cambiavej, dessen Guß zwischen März und Mai gewaltig sein muß. Im Bachbett türmt sich noch Altschnee, Lawinen haben Bäume vom Berg gerissen. Am Steilfall des Fornotals klebt Sotto le Pisse, eine in Felsen geschnittene Alm mit Blechhaube, die dem Schnee freie Fahrt läßt.
Bravo, compagno. Bravissimo! Du bist schon in Ordnung.
Ich vertraue dem Tier. Es blinzelt, Gemeinsamkeit gilt, wir passen zusammen. Sein Augenpaar ist mir nicht länger suspekt.
Im Weiler Cambiaveto stehen knorrige Ulmen. Dort bleibt der Ruf *permesso?* (was unserem *ist-da-wer* entspricht) ohne Folgen. Seletto, ein von Wespen umschwärmter Stall, bietet anschließend Schatten. Zwei wilde Kirschbäume sollen nach magischem Brauch böse Geister vertreiben. Dunkel flüstert der Wald. Meine Adressaten in Rabernardo sind mir entglitten. Heißen sie... Mauro? Oder Udo?
Von einer Kuppe aus sieht man, im Süden, Peccia mit San Grato und dem Punta-Carestia-Massiv. Die über Blockwerk strömende Vogna blinkt. Bei geschlossenen Lidern denke ich: Nein. Das Tal sperrt sich, du wirst es nicht nachzeichnen können. Deine innere Netzhaut ist leer wie ein unbelichteter Film.
Süßer Heugeruch zieht über Wiesen, die das Kirchdorf Sant'Antonio bergseitig säumen. Plötzlich erstarrt der Hund. Er schnuppert und weicht zurück, springt dann auf, jagt davon. Was hat er entdeckt? Ameisen krabbeln zu ihrem Bau. Sie bewegen sich langsam, ich unterscheide zwei Leute vor Holzhäusern und einen Punkt. Näherkommend wird mein Leittier erkennbar; es umkreist nun bellend ein Paar, das trockenes Gras refft und wendet.
Salute! Heißt dieses Dorf Rabernardo?

Dieser Alte in Holzfällerhemd, Gilet und verbeulter Hose könnte Osvaldos Vater sein, überlege ich. Hat er nicht dieselbe kräftige Nase, den ähnlich skeptischen Blick? Das gekräuselte Haar, die kalte Kippe im Mund und eine aus dem Westenschlitz hängende Uhrkette trennen ihn allerdings vom Sohn auf Larecchio.
Salve, sagt der Mann. Ecco – la Rabernard'! Und ich bin Carmellino Marino. Du hast Totto gebracht. Was macht Samanta?
Umgekehrt haben Sie recht. Dieser Vogel ...
... haut ab, wenn er kann. Weiß schon. Immer das gleiche. Vieni, Ugo! Ich bin neugierig, ob sie droben mit der Elektrizität fertig sind. Mußt uns berichten. Kaffee?
Auf seinen Rechen gestützt, stapft er los. Der Gefährte, ein glattgekämmter Vierziger mit Bart und Zahnlücken, murmelt etwas; er lächelt wie Menschen, die selten Besucher empfangen und nicht so recht wissen, worüber mit ihnen zu reden sei. Am Gürtel des Vaters baumelt neben dem Schlüsselbund eine Machete.
Das Haus inmitten zweier Gebäudegruppen wirkt alt: Architektur ohne Dissonanzen und Brüche. Hölzerne Säulen stützen den Vorbau, der vom verbretterten Eßplatz sowie einer Außenstiege flankiert wird. Hinter Sparren sind auf zwei Geschossen kleine Fenster zu ahnen, ein drittes und viertes Stockwerk birgt Heu, das über den Stangen liegt.
Unser Heim heißt Casa Nova, aber neu ist es nicht, sagt der Bauer und fügt hinzu: Mein Papa Antonio stammte aus Oro, eine halbe Stunde von hier. Er hat dieses Ding gekauft, war dreißig Jahre lang Kustos im Ospizio und wollte nie zu weit laufen. Kannst du die Zahl am Firstbalken lesen? 1707 ...
Während ich mir den Hals verrenke und Totto meine Hand leckt, macht Ugo Kaffee. Propangas zischt, der Kocher röchelt, feiner Duft kündigt Genuß an. Bald darauf sitzen wir Seite an Seite auf einer Bank und schlürfen den Sud aus bestoßenen Tassen. Neben Marino liegt jetzt etwas Rundes. Die wilde, dem Farbkasten ihres Schöpfers

entsprungene Mischung aus Collie und Wolfshund heißt Mirca. Sie wird *Birba* gerufen, tut beleidigt und zieht ihren Schwanz ein.
Osvaldos Kälber... fängt der Vater an, denn er führt hier als Capo das Wort.
Ich erzähle. Marino hört zu, nickt manchmal, stellt aber keine Fragen. Als mein Report mit Veronica endet, schrumpft sein Gesicht zur Grimasse. Dann sagt er:
Wir Armen. Uns wird kein Bub mehr geschenkt. Welche Frau holt brauchbare Männer ins Tal? Nach dem zweiten großen Krieg haben in Rabernardo ganze vierzig Leute auf Wiesen und Feldern gearbeitet. Qua-ran-ta! Nevvero, Ugo? Fast nicht zu glauben. Aber jetzt: Gerade er noch und ich.
Der Sohn lacht verlegen.
Und schließlich, spinnt Marino den Faden weiter, kommen wir ja auch in die Jahre. Ich bin anno zwanzig geboren und esse Tabletten statt Brot, mein Herz schlägt anders als früher. Kein Nikotin, sagt der Arzt, keinen Alkohol mehr und weg von den Bergen. Sie machen krank. Doch ich weiß schon, was tausend Meter tiefer am Rand von Varallo wartet: das Altenheim, Brei und Kamillentee. Ein Sarg wäre besser! *Poveri noi.*
Er kramt im Hosensack. Feuerzeug, Beutel und Zigarettenpapier fischt der Padrone, dreht ein Stäbchen (dem Doktor zum Trotz), läßt Glut glimmen und inhaliert schmunzelnd den Rauch. Seine rechte Hand zittert kaum merklich. Sie ist abgenutzt und verhornt. Drei Außenglieder fehlen.
Wo haben Sie die Finger verloren? frage ich. Und wann?
Im November achtunddreißig, sagt der Bauer.

»Er kramt im Hosensack.
Feuerzeug, Beutel
und Zigarettenpapier
fischt der Padrone...
Seine rechte Hand
zittert kaum merklich.«

Angelastro muß helfen

Am Fenster wischten Häuser vorbei. Der Junge, mit seinen Schmerzen allein und fast ohnmächtig, nahm sie nur schattenhaft wahr. Wenn eine Dorfstraße dem Fahrer das Tempo nahm und er bremsen mußte, kippte Mino nach vorn; in engen Kurven bekam Antonio erst die Schulter und dann das Gewicht des Nachbarn zu spüren.
Halt' dich doch fest, schimpfte Tonio. Wozu hast du deine andere Hand?
Mino stöhnte. Die Köpfe der vor ihm sitzenden Passagiere schwankten. Um sich abzulenken, sagte er leise: Aufundnieder eins, aufundnieder zwei, aufundnieder drei, aufund – –
Sein rechter Arm hing in einer Schlinge. Der Kraushaarige schob sie zurück, sah den festen Verband und erschrak. Durch das Gewebe war Blut gesickert. Wie eine Blume, dachte Mino, wie eine Rose in Riva. Er kannte Rosen vom Sommergarten des Pfarrers.
Im Autobus roch es nach Wolle, Tabak und Schweiß. Die Fahrgäste hockten mit leeren Gesichtern und schwiegen. Der Motor sang. Manchmal stieg jemand zu, dann wurden die Ankömmlinge lebhaft begrüßt (ciao Beppe, cosa fai) und durften den Dorfklatsch in Mollia, Campertogno oder Piode aufwärmen.
Papa, sagte der Junge. Warum sind wir gefahren...
Minos Stimme klang weinerlich. Hin oder her, was lag ihm daran? Weder die Stadt wollte er sehen noch Riva Valdobbia am Sesiafluß, wo sie beide den blau lackierten Pullman *Alagna-Varallo* abgepaßt hatten. Ihm stand nur Oro vor Augen, das Dorf überm Vognatal, wo man jetzt Kühe und Ziegen molk, Heu von der Tenne trug und spä-

ter Petroleum in Glaskolben brannte, um die Nacht zu vertreiben. Diese Bilder schenkten Ruhe und Sicherheit. Doch bald wuchsen Zweifel.
Ob Doktor Angelastro recht gehabt hat? Werden sie mich behalten?
Sein Magen krampfte, Brechreiz ließ ihn würgen. Mino versuchte wieder zu zählen. Er rechnete, was zum rostfarbenen Fleck auf weißen Binden gehörte, noch einmal zusammen: Erstens das leere Bett und zweitens die Tür, drittens den Schnee und viertens die Fährte, fünftens das Gewehr und sechstens den raschen Entschluß.

Marino, hatte Vater Antonio vor Ognissanti verkündet, du gehst nicht zur Jagd. Am Feiertag wird keinem Wild aufgelauert. So haben es schon die Alten befolgt, und ein Brauch will geehrt sein. Aber dann diese Spuren! Sie führten, vielfach gepunktet, hinterm Haus durch den Hochwald in Richtung Cima Mutta hinauf.
Scharf biß die Luft ins Gesicht. Mino erinnerte dreimal fünf seiner achtzehn Jahre und glaubte, er habe zu Allerheiligen noch nie eine derart strenge Kälte erlebt. Nase und Ohrmuscheln prickelten; beide Hände, immerhin, hatte der junge Jäger in den Taschen des Kittels vergraben. Wie anders sollte er später visieren und feuern?
Das Gamsrudel querte eine Rodung nahe der Alpe Poesi, zweihundert Höhenmeter von Oro entfernt. Marino stand im Morgengrauen gegen den Wind und durch brusthohe Felsen gedeckt, schätzte zehn oder zwölf Tiere, entsicherte die Beretta, nahm einen starken Bock aufs Korn, atmete durch, drückte ab.
Verfehlt. Merda!

Zum Fluchen hast du kein Recht, sagte Antonio. Sei froh, daß dich der Dottore geflickt hat.
Mino war aus heißem Halbschlaf erwacht. Er verwünschte den Idio-

ten von Busfahrer, der jedes Loch auswalzte und die Karre zum Schlingern brachte. Wie ein bei wichtigem Tun unterbrochener Arbeiter wandte er sich wieder dem Traum zu, hörte das Echo des Schusses und sah Gemsen flüchten.

Basta allora. Vorbei!

Erst als Marino den Kipplauf senkte, kam ihm die Konsequenz seiner Pirsch in den Sinn. Ich Narr, dachte er. Vater macht kurzen Prozeß. Am Heiligentag gibt es keinen Pardon. Der sucht das Gewehr, ganz gewiß, und er weiß, daß vier Sechseinhalbkugeln fehlen. Mama wird ihn beruhigen und sagen: Unser Kind ist zur Messe gelaufen, wann täuscht sich mein Herz? Sie kennt mich schlecht...

Novemberschnee hatte das Land überzuckert. Dem fahlen Grün im Osten nach konnte es sieben Uhr sein, die Sonne würde erst gegen zehn ihr Licht aufs Vognatal werfen.

Mino stieg ab. Der Junge streifte gebückt den Weiler Selveglio (wer dort aus Fenstern lugte, mußte ihn nicht unbedingt sehen) und empfand ein kaum zu bezwingendes Zittern, je näher er Oro kam, seinem Heim.

Man fragte ihn hinterher, was passiert sei, doch er antwortete stets mit den gleichen Worten.

Du bist also gerutscht? Jawohl. *Wo ist es geschehen?* Am Rand des Rio di Janzo. *Wie?* Eine Ladung Reif rauschte vom Baum und machte mich blind. Die Büchse flog. *Entsichert?* Mein Fehler. Ich stieß sie zur Seite, da krachte der Schuß: Tack! Versteht ihr? Nur so. *Danach warst du* – Tot. Ziemlich tot jedenfalls, und ich hab' laut um mein Leben gebetet: Salvami, Madre Santissima. Padre Nostro, che sei nei cieli...

Vognatal, Steig zu den oberen Weilern am Westhang. Ende Oktober ist über Nacht Schnee gefallen. Am Feiertag Ognissanti müssen alle Heiligen frieren.

Mino lag in knisternder Stille. Er nahm seine rechte Hand wahr, die ihm nicht mehr gehörte, etwas färbte den Schnee rot. Der Junge spürte weder Schmerzen noch Angst. Sein Hirn zog Bilanz und registrierte blutiges Zeug; ein Finger war abgerissen, zwei weitere baumelten.
Ob mir Mut bleibt für das, was noch kommt?
Vergiß nicht Papas Gewehr! pochte es unter der Kopfhaut. Marino packte die Waffe, rammte sie in den Boden und richtete sich auf. Bunte Punkte kreisten. Wie im Delirium setzte er Fuß neben Fuß und torkelte, einem Betrunkenen ähnlich, bergab.

Der Bauer war vors Haus getreten. Er entdeckte nach langer Suche einen Strich zwischen kahlen Lärchen und entschied, daß dieses Fragezeichen nur Mino sein könne. Warte, knirschte Antonio, du wilderst bloß einmal in meinem Revier. Ich werd' dich lehren! Jeglicher Zorn verrauchte indes, als er den Jungen daherwanken sah: kurzatmig, krumm, mit trüben Augen und unter der linken Achsel etwas verbergend, das an Hackfleisch erinnerte.
Tonio schob, was bis gestern sein folgsamer Sohn gewesen war, der aus dem Stall eilenden Frau in die Arme.
Mutter, sagte er rauh. Hol' Seife.
Sie bekreuzigte sich und verschwand. Wie russische Puppen schlüpften nacheinander neun Kinder ins Freie. Während eine Tür schlug, tuschelten zwei Mädchen miteinander (*hastdugesehnwiederschwitzt?*) und wurden durch Rippenstöße des ältesten Bruders zum Schweigen gebracht.
Drinnen begann nun die Stunde der Eltern. Maddalena Carmellino legte Minos Rechte in warmes Wasser und griff zur Bürste. Noch ehe sich Seifenschaum bilden konnte, fiel Marino vom Hocker.

Vater Antonio, ohne Furcht vor hellrot rinnendem Blut, zerriß ein Schnupftuch und band den Arm ab. Dann öffnete er das Hemd des Jungen, tastete am Hals nach beiden Arterien, zog seine Uhr, bewegte die Lippen und kam zu dem Schluß:
Der hält durch. Jetzt braucht er Schnaps.
Sie betteten Mino auf eine Decke am Ofen, verbanden die Wunden mit Nessel und flößten ihm Hochprozentiges ein. Er hustete.
Tonio war zufrieden. Grappa in kleinen Schlucken, meinte er, töte hundert Teufel zugleich, das habe schon Don Carestia vor fünfzig Jahren gewußt. Man könne daran erkennen, wie klug dieser Kirchenmensch aus Sant'Antonio di Valvogna gewesen sei, ecco qua.
Pfarrer? fragte die Bäuerin.
Aber nein. Signor Angelastro muß helfen. Sofort.

Geschwister und Nachbarn staunten, als eine Wachsfigur an ihnen vorbeiwankte. Der Bauer hatte sie untergefaßt. Marinos erhobene Hand war am Körper fixiert, weshalb er, wie später die Alten erzählten, wider Willen und stumm alle Zuschauer grüßte. Ihm sei oben im Wald ganz recht geschehen, warnten sie weiter, denn wer das Andenken heiliger Männer mit dem Schießprügel schände, werde bestraft.
Im Schnee den Fußstapfen seines Vaters folgend, sah Mino sich selbst aus himmelhoher Distanz auf dem Steig von Oro nach Cà di Janzo: einen talwärts kriechenden Büßer, dessen Chance, sein Ziel vor Beginn der großen Dunkelheit zu erreichen, vertan war. Schmerz brandete dem Jungen entgegen. Die Ohnmacht umfing ihn.
Padre, Papa! Mir wird schwarz!

Antonio hatte gedöst. Natürlich, brummte er und drehte sich um. Michele, was sagt deine Uhr? Fünf vorbei. Der Abzweig von Bal-

muccia liegt hinter uns, dann sind es noch zwanzig Minuten zur Stadt. Hörst du, Mino? Keine halbe Stunde mehr bis Varallo. Sie werden dir frische Wäsche im Krankenhaus geben und dich mit Leckerei versorgen. Hast Glück...
Der Fahrer hupte vor jeder Haltestelle, doch seit dem Dorf Vocca wartete niemand mehr auf den Bus. Es dämmerte, die Häuser am Straßenrand waren mattgelb erhellt. Michele, der Sitznachbar, schlief schon wieder und schnarchte; ein offener Mund über bärtigem Kinn zeigte Zahnlücken.
Nicht wie Herr Angelastro in Riva, dachte Marino.

Das Gesicht des Arztes war rosa und glatt. Er empfing seine Besucher reserviert, denn sie störten die Feiertagsruhe. Nicola Angelastro, den es als Neapolitaner (unverdient! wie er manchmal betonte) vor Jahrzehnten *zu den Jägern und Sammlern* verschlagen hatte, deutete ins Sprechzimmer.
Der Doktor schob Mino auf den Patientenstuhl, sah die Finger und nickte. Signori, erklärte er, der Fall ist klar. Ich schneide. Ihr stellt Euch hinter Euren Sohn, Carmellino, und haltet ihn. In zehn Minuten können wir lachen.
Angelastros behaarte Hände rochen nach Lysol. Er nahm Marinos Arme, lockerte rechts für eine Weile und festigte wieder, schnürte links, zog eine Spritze auf, ließ Flüssigkeit aus der Nadel perlen, stach den schwach sich wehrenden Jungen in die Vene und sagte:
Na also.
Der Vater schloß ihn im Schraubstock ein. Doktor Nicola ging ans Werk und säuberte das Wundbett mit Alkohol, worauf Marino trotz des Morphiums schrie. Geschickt wurden Zange und Schere benutzt. Angelastro entfernte Hautfetzen, kürzte Knochen, kappte Sehnen, trennte Blutgefäße und Nerven und ließ die beiden letzteren, nicht ohne Eleganz, in ihre bisherige Lage schnellen.

Wischt euren Schweiß ab, wir sind fertig, hörte Mino. Und: *Ich habe ihm…*
Er brachte die weiteren Worte nicht mehr zusammen.
Mit Kampfer holte der Medicus aus dem Süden sein Sorgenkind wieder zurück.

Im Hospital werden sie dich ein paar Wochen lang pflegen, meinte Antonio. Ist das nichts?
Der Bus holperte die Via Rossi hinunter, bog bei San Giacomo ab und erreichte am Mastallone den Platz. Schnee wirbelte, die Dächer von Varallo waren schon weiß. Arrivato! rief jemand im Drängeln des Aufbruchs. Tonio sagte: Piazza Antonini, wir sind da.
Sie querten den Bach. Halb zwischen Ufer und Ufer blieb Marino stehen, denn die Brücke schlug Wellen. Ein Schwindel wollte ihn fortreißen, er beugte sich übers Geländer. Jetzt also war es soweit: Das vom Tod bestellte Fieber fraß seinen Leib. Der Torrente Mastallone, lehmfarben, schäumte.
Papa?
Weiter, Mino!
Papa. Was hat man in Riva gesprochen? Sag's mir, bevor –
Der Vater lächelte: *Es wird eine böse Zeit kommen,* war Doktor Angelastros Rede. *Mussolini und Hitler rüsten zum Krieg. Ich schneide dir drei statt nur zwei Finger ab. Dann bleibst du im Tal.*

Neunzehn Monate später, am 10. Juni 1940, begann mit den Schüssen gegen Frankreich der militärische Anfang vom Ende des Schwarzhemdenstaats.

Gezeichnet: die Berge

Die Erde drehte sich weiter. Längst brüllten beide Diktatoren nicht mehr, man hatte neue Führer gefunden oder war ihrer schon wieder leid; dem Wohlstand zuliebe wurde nun jenseits aller Barrieren auf Profit gesetzt und mit wachsender Handelsbilanz rund um den Globus *pluralistisch* verfahren.

Zeit sei das Kapital aller Tüchtigen, heißt es bei Börse und Bank. Im Licht dieser Weisheit thronen wir wie Ölprinzen überm Val Vogna und lassen uns von einem der letzten Augusttage wärmen. Bienen summen, Ugo Carmellino gähnt faul, Totto und Birba schnarchen. Marino rollt seine fünfte verbotene Schwarze und sagt:

So war das. Drei amputierte Finger, schon bist du frei.

Er hatte weder an der Heimatfront Stiefel gewichst noch für Mussolini marschieren müssen. Die Träume vom modernen römischen Weltreich unterm Banner des Duce waren später zerstoben, im Tal lagen erstmals seit Menschengedenken Feldstücke brach. Das Land jener Familien, deren Männer sich fern von daheim hinter Stacheldraht grämten, wurde nach 1943 zum Teil verpachtet oder meistbietend verkauft.

Damals trieb Marino den Hof um, während sein Vater als Hüttenwirt auf Sottile saß, und fällte in kalten Schneewochen Holz für zehn Lire je Tag. Mit immer mehr hungrigen Geschwistern am Tisch war ihm auch zuvor nichts geschenkt worden. Drei Sommer und Winter lang Drill, fand Kustos Antonio Carmellino schon Ende der zwanziger Jahre, müßten genügen. Er zerrte deshalb das sich sträubende Kind trotz allen Widerstands seiner Maestra aus dem Schulzimmer und fuhr ihr am Ende ins Wort: Bedrucktes Papier nutze zwölf Mägen gar nicht viel. Es seien denn Geldscheine. Darüber dürfe man plaudern, haha.

Doch wer, frag' ich dich heute, hat beim Handel den Anfang gemacht?
Die Lehrerin. Sie wollte einen Liebling behalten, Signor Carmellino.
Exakt! Diese Frau spielte mit und stellte für mich etwas wie... Zukunft in Aussicht. So klein ich gewesen bin, das hab' ich deutlich verstanden. Nur: Papas Wort blieb Gesetz. Zukunft? Blödsinn. Kein Mensch also ist zum Pfarrer gelaufen. Der hätte mir vielleicht helfen können.
Womit?
Nun ja. Es kam vor, daß Mutter Kirche einen Ministranten Latein lehrte und ihm die Soutane anbot. Unsere Bauern im Val Vogna aber sind, denk' ich, dem hohen Herrn von Novara nicht fromm genug. Was seine Diözese trotzdem nie gestört hat, wenn zu Gottes Ehren Besitz gerafft wurde. *Casa del Vescovo* heißt der nächste Weiler nach Oro hin, Haus des Bischofs. Warum wohl...
Übers Dorf ist eine dunkle Wolke gedriftet. Nun hocken Schwalben auf dem Draht zwischen Sant'Antonio und Rabernardo; sie scheinen die Risiken des Unternehmens Afrika zu besprechen und lassen Ugo murmeln, dieser Sommer sei kürzer als sonst. Selten hätten die *rondini* derart früh ihr Tal verlassen.
Vero, Padre?
Marino nickt. Ich weiß, was er denkt: *Poveri noi.*
Wir hören den Vögeln zu. Die Hitze weicht lauer Luft, der Himmel zieht sich ein Abendkleid an, Carmellinos Bienen schwärmen wie goldene Funken.
Das gemeinsame Schweigen tut gut.

Nichts zu geben, meint der Bauer schließlich, ist schlecht. Deshalb sollst auch du uns erzählen. Was suchst du? Wer schickt dich?
Ich bin überrascht, krame nach passenden Sätzen, beginne beim Ligurischen Meer und höre am Colle Mud auf. *Blutschnee*, sage ich oder *Große-Traverse-alles-zu-Fuß*, und mir kommt es vor, als rede hier jemand von Dingen, die keiner verstehe. Nicht ich selbst bin mit fernen Zielen im Kopf durchs Piemont spaziert, sondern ein anderer. Er hat sich von mir gelöst.
La Germania, lächelt Marino nach einer Weile, schau' mal an. Ihr habt Berge in Deutschland?
Ja.
Sonderbar, sagt der alte Mann. Wie weit manche Leute reisen! Das muß viel Geld kosten.
Senz'altro, pflichtet Ugo bei. Auf jeden Fall, eh?
Wieder lauschen wir den Schwalben. Sie sind mittlerweile über den Flugkurs einig geworden und bezwitschern nur noch die Stunde des Abschieds. Das Val Vogna füllt sich mit Schatten. Sanftes Blau hat zuvor schon Rinnen und Runsen gefärbt; die Flut steigt langsam besonnte Hänge hinauf, leckt unsere Beine und Arme, läßt Rabernardo in kühle Dämmerung tauchen, schluckt Wiesen und Hochweiden, löscht brandrote Lichter am Gipfel des Monte Palancà und verebbt.
Also dann – –
Die Vögel plappern nicht mehr, rund um den Bienenstock ist es still. Wie wird der Tag enden, wenn dieser Tedesco bliebe?
In Marinos Miene lese ich Gleichmut.
Du gehst?
Den Rucksack im Blick fragt er weiter, wer denn heute mein Bett richte. Einst hätten die Fremden auf Stroh oder Heu geschlafen, Engländer seien vor zwei Menschenaltern Jahr für Jahr von Sant'Antonio aus zum Corno Bianco gelaufen und damals in der Alpe Pissole untergekommen. Zuweilen, wenn auch nicht oft, werde ihr verwach-

Dicht an dicht stehen die Lärchenholzhäuser mit ihren luftigen Lauben (Rabernardo). Schwere Platten aus Gneis schirmen jedes Dach gegen den oft starken Regen.

sener Weg durchs Vallone del Forno von neuen Wanderern wieder benutzt.
Welche Leute in Oro wohnen, will ich daraufhin wissen, ob das Elternhaus erhalten sei und der Flecken Cà Vescovo noch dem Bischof gehöre?
Ugos Vater ballt die verstümmelte Hand. Wir waren wer, sagt er. Unsere Vorfahren haben angeblich in Holland gesiedelt. Porco cane! Überall zwischen den Bergen hättest du zur Zeit meiner Eltern einen Carmellino gefunden. Von Riva bis zum Sottile. Und Oro? Heute? Nur Mario und Pia wirtschaften dort mit drei Viechern...
Die Geschwister solle ich grüßen, bittet Marino und erhebt sich. Seine Knie knacken, als öffne man einen verkanteten Schrank. Ja, seufzt der Alte, da gehe was aus dem Leim. Auch das Augenlicht sei getrübt. Ihn freue es, wenn Ugo im Herbst vom *wirklichen* Nebel berichte, den kriegten dann alle zu sehen und nicht nur er.
Sie strecken abgearbeitete Finger aus; ich spüre rissige Haut und zugleich eine seltsame Drucklosigkeit. Anderes Leben begegnet dem meinen: jenes von Osvaldo und Flavia, Silvino Vairas verschlossene Miene im Rifugio Valle Vogna und der Vogelblick des Wegmachers unter Le Piane.
Glaubst du uns, raunt es in mir, oder deinem eigenen Kopf?

Auf dem Weg nach Vescovo fehlt Totto, der Hund. Ich stehe zwanzig Minuten von Rabernardo entfernt und kann nur noch mit Mühe zwei Gestalten erkennen, weder Marino noch Ugo schauen mir nach. Birba bellt. Das Dorf, zwölf schwarze Hütten am Hang, haben seine Erbauer wie Flechtwerk um eine Kapelle geschlungen. Leere Ackerterrassen rahmen den Ort.
In der Casa Nova füttern Hände die Herdglut, Rauch quillt übers Dach und verpufft. Der nächste Weiler (*borgata*) Cà Vescovo schläft. Ein Fenster des ersten Hofs steht offen, mehrere Wiesen liegen

gemäht, Heu ist zu Haufen geschichtet, als sei dieser Horst nicht besiedelt.

Permesso?

Niemand antwortet.

Irgendwo gurgelt Wasser. Längs eines Türstocks entziffere ich den Namen Carmellino Gino in Blech gestanzt. Daneben hat jemand ein Papier ans Holz geheftet, dessen Text mich von oben herab informiert:

Nähere dich diesem Platz mit Respekt und achte alles, was du hier findest. Wenn nicht du es mühevoll hergeschafft hast, hat ein anderer diese Arbeit getan... Liebe mich, und ich werde dich nicht enttäuschen. Sei mutig, und du wirst mich gewinnen... Auf 1500 Meter Höhe vergiß, wer du bist. Zu Menschen unterschiedlichen Alters sage ›Ihr‹, zu Gleichaltrigen ›Du‹... Auf 2000 Meter vergiß die Welt, deine Sorgen, die Steuern und lebe in Frieden. Auf 2500 Meter lege dein Ich ab, den Hochmut, die Kultur und auch deine Körperkraft, denn wenn du hier oben bist, unterscheidet dich nichts mehr von anderen... Überschätze dich nicht, kleiner Mensch, denn bevor du kamst, war ich schon da, und wenn du gehst, werde ich immer noch sein. Gezeichnet: die Berge.

Mein Höhenmesser zeigt 1470 Meter an. Casa del Vescovo – vergiß, wer du bist?

Gern hätte ich den großen Unbekannten gefragt, was ihn zum Schreiben verleitet hat, doch er lüpft seine Tarnkappe nicht. Die Belehrung ist vor vier Jahrzehnten gedruckt worden; jetzt wirkt sie aktueller denn je im Zusammenhang mit morschen Fassaden, verkrauteten Hausgärten und den bröckelnden Steinen des Backofens.

Wenn du gehst, werde ich immer noch sein.

Vorm letzten Haus gegen Oro hin riecht es nach Dung, die Quader einer Treppe ähneln denen der Megalithzeit. Diese im Zwielicht schimmernden Gneisriegel haben das Wetter aller Zeiten geschluckt und geben Heiß wie Kalt milde zurück.

Achtmal schlägt es in Sant'Antonio. Trotz zaghafter Töne klingt die

Turmstimme einladend durch Büsche und Bäume zu mir herauf. Mein Magen knurrt. Ich meide den direkten Abgang über steiles Gelände und folge Fußspuren nordwärts.
Wieviele Stunden sind verstrichen seit Larecchio?
Rasch treiben Wolken zum Talschluß. Es sieht aus, als fliege der Mond.
Überschätze dich nicht, kleiner Mensch...
Langsam komme ich in dem von der Tageshitze immer noch dämpfigen Dickicht voran.

Die Borgata Oro ist dunkel. Wie Relikte des Alpenkriegs liegen sie da – gekalkte Wälle, mit Holz überbaut. Schießscharten glotzen mich an; erst auf den zweiten Blick nehme ich wahr, daß die steingedeckten Häuser bewohnt sind oder waren und die Schlitze nur Fenster sein können. Wer hält hier um welchen Preis Wacht? Warum wurde dieser Stellung nichts vom fünfzigjährigen Frieden zuteil?
Hallo!
Mein Ruf bleibt ohne Antwort. Dann bricht ein Hund aus der Nacht, springt an mir hoch und versucht mich niederzuwerfen.
Bastarda! Vieni, Murina!
Das Tier läßt ab. Sein Herr, Silhouette vor flackerndem Hintergrund, erscheint in der Tür. Neben ihm spähen schreckhafte Augen. Ich sage dem Mann, Marino Carmellino sei soweit wohlauf, ohne daß er auch nur reagiert. Als ich meine eigene Herkunft enthülle, wechseln endlich Wörter von ihm zu mir:
Deutsche sind gut. Fleißig, präzise. Alles geht schnell...
Mario zwirnt seine aschblonden Bartspitzen, Pia (sie muß die Schwester sein) streicht ihre Schürze glatt. Offenbar verschwenden beide keinen Gedanken daran, den Fremden ans Feuer zu bitten. Stumm stehen wir beieinander.
Es gibt einen Weg ins Tal?

Si.
Buona sera!
Sera.
Der Rückblick vom Waldrand her wird sich meinem Gedächtnis eingraben. Murina hockt heulend am Kirchlein von Oro, sie hat den Kopf zum Himmel gereckt. Ihre Klage dringt mir ins Mark. Die Nacht aber, ruhig und groß, tröstet mit glitzernden Sternen.

In völliger Finsternis tappe ich nach Cà di Janzo hinunter. Der Epilog dieses langen Tages läuft ab wie ein Streifen, dessen Bilder schon einmal gezeigt worden sind. Das Straßenband ringelt an schwach erleuchteten Häusern vorbei zur Piazzetta von Sant'Antonio. Wieder klirren dort Teller, duftet *pasta con sugo* und lärmen Stimmen.
Eine junge Frau, über Töpfe gebeugt, sieht mich eintreten.
Silvino? Vieni!
Vaira kommt aus dem Keller. Er schleppt Weinkartons. Bei meinem Anblick heben sich erst seine Brauen und dann die Mundwinkel.
Man ist also zurück, sagt der Wirt.

Frauengeschichten

Ja, ich bin wiedergekommen. Während des trockenen Winters habe ich Bücher gewälzt, um möglichst viel über das Val Vogna zu lernen. Meine Suche führte von Quelle zu Quelle; nicht alle sprudelten lebhaft, doch mir wurde bewußt, daß dieses Tal an einer Krankheit leidet, die im Piemont besonders heftig grassiert.
Seine Bergbauern wandern ab. Es zehrt sich aus.
Schon vor 1850 waren englische Touristen (unter ihnen Frauen wie Miss H. W. Cole) ins obere Valsesia vorgedrungen, um den Monte Rosa und ein paar *wooden farmhouses* der Walser zu sehen. Seit indes Thomas Hinchliff den Colle Valdobbia *certainly the most uninteresting pass I have seen* genannt hatte, ließen spätere Reisende die Mulattiera zwischen Riva und Gressoney links liegen. Sie wandten sich Alagna und dem Aussichtsbalkon des Col d'Olen zu.
Aber war da nicht etwas mit einem Albergo in Casa Janzo gewesen? Giovanni Favro hieß dessen Chef, und Königin Margherita di Savoia hatte dort mit Gefolge...
Mein Denken ruht. Ich lehne an warmem Putz, höre leises Tröpfeln vom Dach und atme aus.

April in Sant'Antonio. Eine hungrige Sonne frißt schwarzgeränderten Schnee, Flugzeuge zeichnen Striche auf blauen Grund. Die Stille erlaubt es Spechten, ihr Getrommel über weite Distanzen zu schicken.
Allmählich lockern Mißmut und Unrast den Griff. Acht Stunden im

Straßenstau liegen hinter mir. Ich bin gestern fünfhundert Kilometer lang von Lärm und giftiger Luft bedrängt worden, sitze jetzt auf einer Bank und halte Zwiesprache mit der Umgebung. Mein Zustand gleicht dem des Kükens, das sich durchs Ei gepickt hat und die neue Welt noch nicht kennt.

Alagna, nach schwacher Skisaison leer, hatte mich empfangen wie ein ausgemustertes Schiff; ohne Ennio Fanettis Diplomatie wäre auch im Hotel *Indren Meublé* kein Zimmer bereitgestellt worden. Vieles dort sagte mir zu. Der Fin-de-siècle-Flur, die am Küchentisch kartenlegende Padrona, ächzende Stufen und vergilbte Tapeten deuteten aufs Milieu einer Zeit, deren Gäste noch *Sommerfrischler* genannt worden waren.

Wie sahen Ennios Eltern den Freund ihres Sohnes? Das Schmunzeln von Marta und Franco Fanetti hatte ich bisher nicht deuten können. Vielleicht trug es seinen Sinn in sich selbst, denn die Lehre des weißhaarigen Kunstschreiners lautete: Wer unser Haus betritt, ist willkommen.

Bald fanden wir beim *Schwätze* heraus, daß Alemannen und Walser verwandt sind. Wir entdeckten Wörter wie *attu* (Vater) oder *lilach* (Leintuch), denen tausend Jahre Trennung nichts hatten nehmen können, und freuten uns der gemeinsamen Wurzeln.

Génépy? fragte Fanetti und füllte mein Glas mit Kräuterlikör. *Es bitzeli isch nid schlächt!*

Als Chef de Cuisine war er nach 1950 in europäischen Hotels erster Kategorie erfolgreich gewesen, lobte nun Elba, Davos-Platz, die Kleine Scheidegg ob Grindelwald und sprach schwyzerdütsch fast wie ein Berner.

Habicht, denke ich zwölf Stunden später wegen seines Profils. Jener Mann auf dem Maultierweg nimmt nochmals Gestalt an, der Ende August letzten Jahres von exekutierenden deutschen Soldaten im

Krieg erzählt hat. Beide schauten auf gleiche Weise scharf, aber nicht verletzend: Signor Franco und der Bauer aus Piane di sopra.

Schmelzwasser tropft pausenlos. Das große Dehnen hat wieder die Berge erreicht und knistert im Gebälk des Rifugio Valle Vogna. Es läßt Wiesen dampfen, schenkt der Grasnarbe frisches Grün, lockt glänzende schwarze Käfer aus Löchern, streut gelben Huflattich, gibt den Meisen ihr *Zerr* oder *Pinkpink* zurück und strotzt vor verhaltener Kraft.

Hoch über mir kreisen zwei Vögel. Sie drehen Runde um Runde.

Da beginnt hinter Sant'Antonios Turm etwas zu jaulen. Der Motorsäge antwortet streng in zehn doppelt geschlagenen Tönen die Uhr. Nur ein Zeiger kriecht am Zifferblatt, das sich mit den Buchstaben MDCCXXXIII schmückt.

Trotz aller Lichtfülle ist es nach wie vor kalt. Kein Wunder, daß im Rifugio weder Silvino noch dessen Frau Silvana rumoren. Der Bau, einst Pfarrhaus und bis vor zehn Jahren Schule für wenige Kinder des Tals, bleibt versperrt. Die Pächterfamilie Vaira feiert Ostern in Silvanas Heimatdorf Piane bei Alagna.

Eine Tafel weist auf die hier beginnende Saumroute Via d'Aosta und den Ausgangspunkt Casasotto hin. Sankt Antonius hat man erst gegen Mitte des 18. Jahrhunderts als örtlichen Bauernpatron *al fresco* am Kirchlein verewigt, und sogar des Genfer Forschers Horace Bénédict de Saussure wird gedacht. Er war 1789 von Riva nach Gressoney-Saint-Jean promeniert, um auch im Val Vogna einer *Deutschen Wacht am Monte Rosa* seine Reverenz zu erweisen.

Von Norden zugewanderte Bergler hatten vor siebenhundert Jahren das nahe Valle del Lys verlassen. Ihre Heimat Verdobi bei Saint-Jean ließen sie hinter sich, querten den Colle Valdobbia und sahen Land – Fichtenwald, Föhren, Felsinseln, flaches Terrain unterm Zusammenfluß zweier Bäche. Wo heute Peccia träumt, wurden Parzellen gerodet; ein Pergament nannte schon 1325 die Hälfte der von Guiglincino ans Brüderpaar Nicolin und Zanin verkauften Alm Pecie. Aber dann?

Mir ist zwar bekannt, daß es im Tal bis heute Flurnamen gibt, deren Ursprung auf deutschstämmige Siedler zurückgehen könnte: *grabo* (Graben), *fat* (Pfad), *garte* (Garten) oder *tretto* (Tritt). Dennoch mag ich nicht entscheiden, wer zuerst das Val Vogna kultiviert hat. Ist *Alemanno* ein Walser und *Gualcio* der Welsche gewesen?

Meine Gedanken werden durch Hiebe zerkleinert. Eine alte Frau mit Wollweste, Rock, Hausschurz, verfilzten Strümpfen und Kopftuch hackt zweimal zwei Meter mageren Bodens, klaubt Wurzeln zusammen und dreht den Kopf, als mein Schatten das Beet streift.

Kartoffeln? frage ich.

Nein. Jetzt steckt man noch keine Erdäpfel.

Wieviele Leute wohnen hier im Winter?

Sie richtet sich auf und spreizt drei Finger: Orso Remo, Vaira Ennio, Gens Angiolina (eine Hand deutet zur eigenen Brust). Bei geöffnetem Rifugio müsse man sechs weitere Namen hinzuzählen, nämlich die der jungen Bewirtschafter Vaira-Ferraris samt den Kindern Daiana, Emanuele, Leonardo und Filiberto. Also insgesamt neun.

Ich will mehr wissen, doch ein Windstoß fährt mir ins Wort. Wolken haben die Sonne verdeckt, kahle Bäume werden geschüttelt, Graupel peitscht übers Land. Auch der Bäuerin schmeckt dieses Aprilwetter nicht. Sie schultert eine Hutte, ruft *venga!* und geht zum Haus.

In Angiolinas Wohnküche ist es warm. Ihr eiserner Ofen summt behaglich, zwischen Ritzen schwelt Glut; der aus Brettern geschnittene Boden, die Decke und alle Seiten des Raums scheinen wie Hände ineinander zu greifen. Das traditionelle Mobiliar aber hat den Kampf gegen andere Normen verloren. Bis auf den Tisch, eine Bank und drei Stühle läßt Kunststoff dem Holz keinen Raum mehr.

Caffè? Grappino?

Während Schnaps ins Glas gluckert, fällt draußen Schnee. Der Nachbarhof schwimmt ohne Sockel als grauer Fleck. Angiolina Gens tritt zum Fenster. Sie krümmt ihre Schultern. Was die Alte ein Leben lang begleitet hat, hängt rundum an den Wänden: Grußkarten, Heiligendrucke, das Hochzeitsfoto, zwei verstaubte Kalender, der Rosenkranz.

Ein Mutterherz ist die sicherste Zuflucht, heißt es außerdem rot-weiß gestickt und gerahmt.

Haben Sie Kinder?

Piera wohnt zehn Minuten von hier, sagt die Frau. In Cà Verno.

Dieser süße Kaffee. Ich trinke ihn mit kleinen Schlucken und möchte nach dem Paar fragen, dessen ernste Mienen (warum haben sie jeder Heiterkeit widerstanden?) unter Glas konserviert sind, als Signora Gens, verwitwete Bruno, zu reden anfängt:

Mein Mann ist tot. Immer gehen die Männer und lassen uns im Stich, ob Bar oder Friedhof. Was denkt sich Gott bloß dabei? Er teilt aus. Nicht, daß ich mich deshalb beschweren will. Doch schimpfende Weiber hört sein Ohr vielleicht nur, wenn sie laut genug lärmen. Es macht schon Sinn, daß ich bete: Du sitzt hoch überm Berg, Padre Eterno, und wir bleiben unten. Wir Frauen besonders. Im Val Vogna leidet Dein Volk. Hilf ihm!

Sie hustet.

Fremde wissen nichts. Wer sagt euch, wie man hier gelebt hat? Dieses Tal war nie reich genug, alle Löcher zu stopfen. Also sind unsere Vorfahren auf den Colle Valdobbia und weiter nach Frankreich gezogen. Sie haben zwischen April und Dezember als Stukkateure, Schreiner, Maurer oder Gipser gearbeitet; dann wurde daheim das Ersparte verbraucht und im Frühling von neuem westwärts gewandert. Manche Familien hatten am Christfest...

...keinen Besuch?

Preciso. Die Emigranten kehrten nicht mehr zurück und wurden für tot erklärt. Unsere Frauen aber trugen wie Jesus ihr Kreuz, denn oft

folgte der Armut ein hartes Getuschel: Luigi? Nun ja, meine Beste, du kennst ihn. Er liebt buntere Röcke! Giulio, Sohn des Celso? Ihm winken jetzt Weißbrot, Likör, ein Haus in Savoyen...
Nein, meint Angiolina, an solchen Schicksalen sehe sogar der Teufel vorbei: Allein mit hungrigen Kindern, lahmen Eltern und brüllendem Vieh; ohne Geld für den Veterinär, die Schulbücher oder das eigene Hemd; dazu Bergstürze, Muren, Lawinen, Hagelschlag, Hochwasser, verregnete Ernten und Teuerung. Santa Madonna.
Ich selbst mußte mit meiner Schwester Emilietta in den zwanziger Jahren täglich die Strecke Peccia-Riva-Peccia laufen, nach Ende der Feldarbeit drei Stunden Wegs. Wir schleppten Wein, fünfzig Liter je Last, unsere Körbe haben sich unter den Fässern gebogen.
Weshalb kein Mann zur Hand gewesen sei, frage ich.
Männer? Papa war da. Kam vom Valdobbia, füllte den Rosso in Flaschen und trieb dann sein Maultier hinauf zum Hospiz, wo er als Kustos regierte. Ah, Ermenegildo Becas... Es gab einen Spruch im Friaul, der wurde wie Spreu in alle vier Winde geworfen: *Le bestie da soma sono le donne*, Frauen sind Lastvieh.
Und Sie? Die Gesundheit?
Für den Himmel klopft mein Herz nicht kräftig genug. Auch dahin gehen wir Armen zu Fuß, jede Sünde wiegt schwer. Hat man Euch schon von den Portatrici d'Alagna berichtet? Kein Denkmal erinnert an unsere Schwestern, die beim Bau des Albergo Stolemberg zugepackt haben. Mit vierzig Kilo Zement auf dem Rücken und einer Laterne wurde jedes Mädchen um Mitternacht fortgeschickt. Vier Stunden später lag aller Kram am Col d'Olen, in zweitausendachthundert Meter Seehöhe, einssechs überm Sesiatal.
Ausbeutung, sage ich.
Genau. Doch wer war im Jahr dreiundzwanzig nicht froh, ein paar Soldi zu kriegen?
Der Boß hätte Mulis einsetzen können!
Ma no.

Die Witwe verneint. Maulesel fräßen mehr, da und dort habe früher ein tierischer Umgang mit Menschen geherrscht; *non era un vivere da uomo, ma da bestia.* Aber wen interessierten solche Geschichten? Gleiches gelte gegen Aosta hin, woher die Gens stammten. Sie spreche deren Name nach alter Art aus, um zu betonen, daß ihre Verwandten *gens de bien* (Angiolina spitzt den Mund: *schann de bienn*) gewesen seien – ehrliche Bürger, trotz karger Verhältnisse.
Höre ich recht?
Zur Zeit meines Großvaters lebten sie jedenfalls sehr sparsam im Valle d'Ayas. Jetzt gilt die Autonome Region Aostatal als wohlhabend, und wir sind erledigt.

Das Schnapsglas ist leer, der Kaffee getrunken, die Glut im Herd fast verlöscht. Auf dem wattierten Dach nebenan blitzen Kristalle vor hellblauem Himmel. Ich schnuppere Tauwetter, drücke Angiolinas Hand und verspreche wiederzukommen.
Mi dispiace, sagt Frau Gens, tut mir leid, mein Grappa war nicht vom Feinsten. Sie sind bessere Dinge gewöhnt.
Dann, beim Abschied, ziehen sich Lippen zusammen, und es kommt in der Weise einer besorgten Mutter heraus:
Mein Herr. Wenn Ihr wieder bei Euren Leuten seid... Wenn man Euch fragt... Was werdet Ihr von uns erzählen?

Finger fassen Sträuße. Hat sie der Fotograf eingesetzt, um zwei herbe Mienen zu mildern? Val Vogna im 19. Jahrhundert: Indianerfrauen.

Vom großen Verderben

Das erste Vierteljahr hat heuer nichts hergemacht – vier Wochen Regen im Januar, dann ein Monat Trockenheit, schließlich Schnee mit Lawinen und danach wieder Nässe. Wer von Vogna sotto bis Sant'Antonio *Televisione RAI Uno* empfängt, schimpfte aufs Ozonloch, während die Bauern des hinteren Tals ihre Gaslampen kleiner drehten und warteten.
Diese wie jene aber waren sich einig darin, daß Parlament und Papst sie vergessen hätten, der meteorologische Wirrwar eine Sintflut ankündige, das Val Vogna keine oder nur geringe Hilfe bekomme und ansonsten alles beim alten sei.

Nach mehreren Tagen zwischen Hoch und Tief regnet es wieder. Die hinter Riva vom Fahrweg abzweigende Mulattiera gleicht einem Bach; ich stapfe in Gummistiefeln und frage mich unterm Gehen, ob Darios Drähte zu Petrus funktionieren. Vom Schirm rinnt Wasser auf Schultern und Knie. Auch Don Dario Lenticchi, scheint mir, ist machtlos. Er hat eine halbe Stunde zuvor im Pfarrhaus von Riva Valdobbia beide Arme vorm Bauch verschränkt und gesagt:
Pazienza. Geduld! Unser biblischer Jonas, der Fischpassagier, war weniger glücklich. Denken Sie nur – ohne Licht!
Dem Lächeln des Seelsorgers entnahm ich zwei Prisen Schalk und ein Quentchen behäbigen Spotts. Anders Altbürgermeister Lino Gabbio. In ihm, dessen Urteil acht Jahrzehnte nicht hatten trüben können, entdeckte ich den Gelehrten. Ernst lauschte er meinen Fragen und antwortete Punkt für Punkt.

Riva habe man nach dem Ufer (*ripa*) von Vogna und Sesia sowie einem Zwillingsstein *Ripae Petrarum Gemellarum* genannt. Dies hätten Valsesiani und Walser zu *Presmell* verkürzt. Im Vognatal ende ein Leben, man gebe immer mehr Almen auf und lege die letzten Bauern ins Grab. Längst würden Häuser, Heuschober oder Hütten als *rustici* an Interessenten aus Mailand verkauft, modernisiert und wie Aktien behandelt. Er selbst sei mit dreizehn Jahren zur Arbeit nach Frankreich geschickt worden, schloß Gabbio, und kenne den Wert einer Heimat. Welcher Städter ahne schon, was hier zerbreche?
Auf seine Empfehlung hin wurde später im Rathaus das regionale Grundbuch geöffnet. Diesen Kodex von 1639 hatten ein Notar namens Montell und dessen Gehilfe Zanino Vali verfaßt; *dopo la peste*, wie Gabbios Nachfolger, Giovanni Severina, bemerkte.
Nichts ist verborgen, las ich gespannt, *was nicht offenbar würde. Verflucht sei, wer einem Menschen glaubt. Möge die Jungfrau Maria mein Werk unterstützen. Die Hälfte hat jener erreicht, der gut anfängt. Alle Weisheit beginnt in Furcht vor dem Herrn. Wer Ihm vertraut, wird ewig nicht untergehen. Dies ist die Aufstellung sämtlicher Bauten und Ländereien im Gebiet Vogna der Gemeinde Pregemelle. Als da sind Wiesen, Felder, Triften, Sümpfe, Bachläufe, Almen, Weiderechte etcetera …*
Unterm Tisch buckelte die Bürokatze. Ihr Schnurren widersprach dem phlegmatischen Dünkel des Sindaco Severina, der seinen Gast ansah, als blicke er durch ein Fenster.

Riva Valdobbia verschwindet im Nebel. Es gießt jetzt. Mich aber wärmt mein Wissen, daß wie von ungefähr eines zum anderen gekommen ist – Gabbios Rückschau, Severinas Kataster, die Wende zur Pest.
Hochwürden Dario hatte an diesem Morgen zuletzt noch das Totenbuch der Pfarrei San Michele aufgeschlagen, die Notiz *1630 et 1631* präsentiert und gesagt: Mein Lieber. Hören Sie zu. Im siebzehnten Jahr-

hundert ist Don Albertino Testa ein Chronist des Elends gewesen, hier im Diarium reiht sich Name an Name. Florindo Gens und Ada Giacomino aus Sotto können vielleicht vom großen Sterben berichten.
Das waren seine Worte, ehe er mich mit *ciao e cordiali saluti* entließ.

Ich wandere also nach Vogna sotto hinauf. Der Weiler liegt nur dreißig Minuten über Riva und wird bald zwischen Bergbuchen sichtbar. Madonna delle Pose passierend, kommen mir Frauen in den Sinn, die einst vor dieser Kapelle ihre Lasten abgestellt und für zwei Avemaria verschnauft haben. Findlinge sind hinter dem Bau gestapelt, als sollten Krieg oder Krankheit gebannt werden. Diente das Bollwerk bei Peccia ähnlichen Zwecken?
Am Weg finde ich nassen Fels, entschlüssle *PP* (was für *per pestilentiam* stehen mag) und sehe neben einem gemeißelten Kreuz die Zahl 1630. Wieviele Feuer damals allein im Vognatal erkaltet waren, um nie wieder zu lodern, bleibt dunkel. Vielleicht wissen meine neuen Gewährsleute mehr.
Buon giorno. Ist es erlaubt?
Signor Gens und Signora Giacomino hocken in ihrer Küche, ein Ofen bullert, der Westwind weint, Regen schlägt gegen Scheiben. Florindo liest, Ada strickt. Beide gleichen einander wie verrunzelte Birnen und scheinen Besuch erwartet zu haben, denn weder er noch sie wirken überrascht, als ich die Tür öffne.
Das kleine Gelaß unterscheidet sich wenig von städtischen Vorbildern. Sein gefliester Boden ist sauber, alle vier Wände sind verputzt, Schrank und Kommode sehen hinfälliger aus als ihre Besitzer. Ein Funkgerät steht auf dem Tisch.
Ich frage: Don Dario?
Aber nein, lacht Ada Giacomino, deren blanke Augen und straffes Haar ihr gut zu Gesicht stehen: Lucia! Meine Tochter handelt in Riva

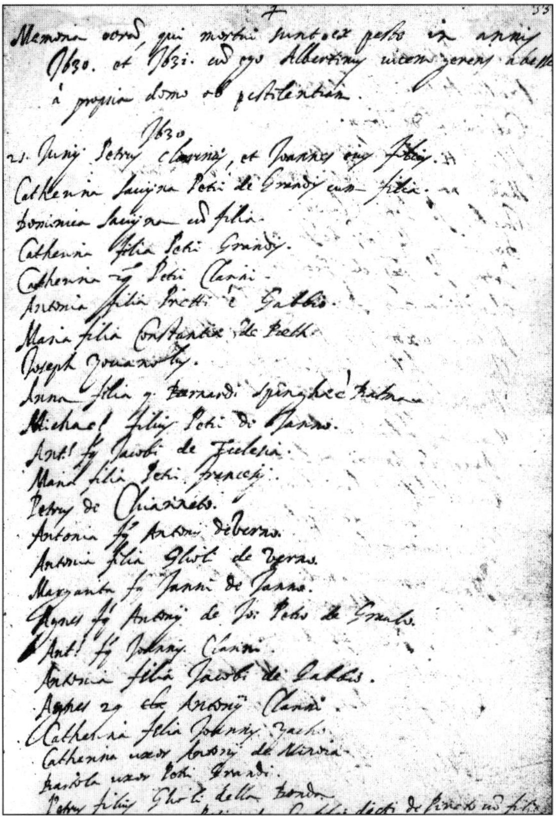

Eine Seite des Totenbuchs von Riva Valdobbia. Zwischen Juni 1630 und Oktober 1631 starben dort und im Vognatal 240 Menschen an der Pest, die von Gressoney kam.

mit Lebensmitteln. Wir tauschen Nachrichten, viele hier machen es so – Vaira Silvino, Mario und Pia, die Capelli aus Casa Morca, Marino und Ugo Carmellino, Irma von Le Piane. Wo Vater Staat keinen Telefondraht spannt, geht's auch ohne. Was führt Sie her?
Eben der Pfarrer.
Bravo! Sie kennen einen wahrhaften Hirten. Macht sein Bein noch Malheur? Er hat neulich vorm Kirchenportal das Fallen probiert, zum Glück ohne Bruch.
Schon stecken wir im Gespräch über Gott und die Welt.
Aber nun, sagt Ada, müsse sie den Grund meines Kommens wissen. Tedesco? Ein Deutscher? Passabel. Nach Vogna sotto verirrten sich Fremde nur selten, der Ort habe außer Ruhe und reiner Luft keine besonderen Dinge zu bieten; mit beidem stehe es allerdings soso-lala, denn die Autos Hunderter Milanesi, Varesi, Novaresi oder Torinesi höre und rieche man sonntags im Sommer. Seit drei, vier Jahren nehme das zu.
Laufen auch eure Leute nicht mehr? will Florindo Gens wissen. Sein Kinn ist unrasiert, ein Schnauzer trennt Nase und Mund.
Je nachdem wohin, antwortete ich vieldeutig.
Diese Fahrstraße bringt aber nicht nur Lärm und Gestank, wirft die Frau ein.
Was sonst?
Vor Neunzehnfünfundsechzig hat man Stein für Stein zu Fuß transportiert und jeden Käselaib, ja sogar Kranke und Tote, im Korb auf dem Rücken nach Riva geschleppt. Freilich, Gäste geben gutes Geld aus, Silvino in Sant'Antonio kann ein Lied davon singen, und ich gönne ihm alles, doch was haben wir? Ich bin die letzte alte Wurzel im Dorf. Wenn Florindo und ich nicht mehr sind –
Gestorben wird immer! mischt der Mann sich ein. Ist Ihnen bekannt, daß unser Tal zweimal verwüstet war?
Der Pfarrer hat mir Namen gezeigt, und ich habe das Pestkreuz gesehen.

Ecco. Eccoci qua. Aah, meine Knochen...
Schwerfällig steht er auf, geht zum Schrank, stöbert, nickt, kramt von neuem, senkt den Kopf, setzt seine Suche fort und zieht schließlich unter zerlesenen Zeitungen etwas heraus.
Da ist es.

Der Text eines Unbekannten schildert den Schwarzen Tod zwischen Juni 1630 und Oktober 1631. Florindo deklamiert laut:
Es war dies... das... größte Unglück, das je unsere Dörfer heimgesucht hat, und keiner der Ältesten kann sich daran erinnern, ein größeres erlebt oder davon gehört zu haben. Der Vater mußte... seine Söhne begraben, die Töchter ihre Mütter und die Ehe-män-ner ihre Weiber. Niemand konnte zur Kirche getragen werden; alle wurden in Wiesen, Feldern oder dem... Alpboden verscharrt. Dann, 1634 und 1635, grub man sämtliche Knochen aus und setzte sie auf dem Friedhof bei. 240 Personen sind in Pregiumelle gestorben. Das war ein großes Ver-der-ben, und der Herr möge uns behüten, damit solches... nicht nochmals geschieht.

Siebzehn Monate Angst, sage ich ins folgende Schweigen hinein. Es wimmert im Kamin.
Fast anderthalb Jahre! Die Pest kam aus der Lombardei, ist nach Gressoney gerast, hat ein einziges Haus von La Trinité verschont und dann das Vognatal überfallen, denn auch Seuchen nehmen den Paßweg. Ihre ersten Opfer in Peccia waren Caterina Grauli und Zanaroli Giuseppe, dreiundzwanzig und fünf Jahre alt. Ob sie beiden noch erlaubt hat, Sünden zu beichten? Ich glaube nicht.
Alagna?
Blieb heil, aber rund um Riva mähte die Sense. Keine Gemeinde im Valsesia ist schlimmer getroffen worden. Allein zwei Drittel der zweihundertvierzig Seelen sind hier, ich kann es nicht anders sagen:

verreckt, und Montata zum Beispiel war hinterher völlig entsiedelt. Sieben Herdstellen, die ganze Familie Carestia – finito. Von Peccia aus, gegen Maccagno, quert man unten am Fluß eine Wiese mit Hügeln. Dort liegen noch immer Skelette.
Sie wissen viel, staune ich. Woher, Signor Gens?
Mein Großvater hat Theologie studiert und später geheiratet. Kein Wunder! Der Kirchenrock war ihm zu eng.
Ist Angiolina Ihre Schwester?
Bei uns, sagt Ada und senkt das Strickzeug, sind alle irgendwie miteinander verwandt. Nur ich bin Ausländerin. Meine Mutter wurde im Walserdorf San Nikloosch bei Pedemonte geboren, zwei Stunden von hier. Darauf trinken wir. Ne?
Sie holt eine Flasche und Gläser.
Die Küche ist nach der Art alter Leute überheizt, weshalb mir nicht nur vom *Amaro d'Alagna* warm wird. Ada Giacomino sieht meine roten Backen und sagt im Ton einer Gouvernante:
Jetzt verraten Sie endlich, warum ein Deutscher unser Vogna sotto besucht.

Schon sitze ich wieder in Rabernardo vorm Haus, höre Marino Carmellinos Stimme (*wer schickt dich?*) und spüre mein Unvermögen, mich zu erklären. Mir geht es wie jenem jungen Briten, der vor langer Zeit auf die Frage nach seinem Motiv, den Mount Everest zu besteigen, gemeint hat: *Cause it is there.*

Wegen dieser Gegend, antworte ich, und ihren Menschen.
Ada nippt am Likör. Sie wechselt skeptische Blicke mit Florindo.
Der Sammler, sagt Gens. Ich versteh'. Er sucht und ordnet Geschichten wie andere Leute Briefmarken oder Münzen. Dann bleiben wir doch einfach beim Thema! Was jetzt nicht geschrieben wird, ist morgen fort. Geben Sie acht...

Ich erfahre, daß das Leben im Vognatal bis vor zweihundert Jahren geblüht hat. 1708 sind dort 534 Menschen in neunzehn Weilern gezählt worden; heute, während des Winters, verteilen sich dreiunddreißig Bewohner auf sechs. 1973 hat Piera Bruno ihre letzte Tochter zur Welt gebracht, nach einer Heirat wird Paola aus Cà Verno abwandern.
Die Gründe?
Fragen Sie selbst. Wer weg will, zeigt Ihnen stets fünf schmutzige Finger – Einsamkeit, Enge, Armut, Stumpfsinn und fehlende Hoffnung. Dann heißt es irgendwann: Schaut her, ich reise! Aber leben Bauern als Büroboten, Handlanger, Fahrer, am Band bei Fiat oder in den Hallen von Olivetti glücklicher? Ich kenne Briefe, die voller Schmerz sind. Niemanden in der Stadt interessiert fremdes Heimweh und das eines Gebirglers schon gar nicht.
Zweimal verwüstet, greife ich Florindos Bemerkung auf.
Unsere Gegend? Ja. Im vierzehnten Jahrhundert hat ganz Europa gezittert, man spricht von fünfundzwanzig Millionen Pestopfern. Ihre Haut färbte sich schwarz, sie redeten irre, spuckten Blut und wurden vom Fieber verbrannt. Hier sollen außer zwei Frauen alle gestorben sein; mit ihnen waren sämtliche Sippen tot, also auch die Deutschen aus dem Lystal, von denen man glaubt, sie hätten das Val Vogna entdeckt. Dio!
Er preßt seine Lippen zusammen. Ada Giacomino sagt:
Und dann eine weitere Epidemie. Was sind dreihundert Jahre? Die Erinnerung war noch frisch, als der Tod wieder klopfte...
Ich schaue unwillkürlich zur Tür und versuche mir auszumalen, wie Kinder in Trance lagen und Mütter verzweifelten, wie das Korn am Halm schrumpfte, Priester mit Gott rangen, Fromme lästerten, Geißler die Strafen des Jüngsten Gerichts vorwegnahmen und jeder Blitz, jedes Donnern, jede Sternschnuppe interpretiert wurde.
Unterdessen spricht Florindo Gens vom Brauchtum der Alten. Da kratzt es am Eingang. Die Frau steht auf, murmelt *diavolo nero* und

läßt einen schwarzen Pinscher ins Haus schlüpfen. Er verkriecht sich unter dem Tisch.

Bei Krankheit von Mensch oder Tier, höre ich, segneten sie das Brot und im frühen Sommer, vorm ersten Anstieg zur Alm, auch den Salzstock. Wer seinen letzten Atemzug getan hatte, war hinterher nicht allein: Nachbarn kamen; sie wuschen und kleideten die Leiche, ließen Sonne wie Mond durchs offene Fenster scheinen, gaben auf gleichem Weg einer Seele Gelegenheit, ins Jenseits zu fliegen, wachten drei Tage und Nächte lang, redeten gut. Denn brauchte nicht morgen vielleicht schon der nächste den Freund?

Bis vor einhundertfünfzig Jahren, sagt Florindo, hat man unsere Toten ohne Kiste beerdigt. Sie sind in bestickte, mit Spitzen verzierte Tücher gehüllt worden. Jede Familie gab die Laken von Sohn zu Sohn weiter und war stolz auf das feine Gewebe. Aber jetzt? Du wirst eingesargt. Weg damit. Man holt dich im Wagen, der ist verhängt, und deine Lieben dürfen nicht einmal neben dir sitzen.

So ergeht's bald Luigi, prophezeit Ada Giacomino.

Luigi? Niemals.

Florindo legt Widerspruch ein, Ada beharrt. Hin und her fährt die Diskussion, wird zum Streit, klammert sich an Details, endet schließlich in mürrischer Stille.

Und dann erzählen die Alten von Lodovico Vogna, der hier als einziger Bauer den Talnamen trägt. Dessen Glück vielleicht aus dem Umstand besteht, glücklos gewesen zu sein. Der allein leben und sterben muß, weil das Schicksal es will.

Polentone und Terroni

Nein, einfach war dieser Schritt nicht. Arbeit zu finden ist schwer, sie herzugeben grenzt an Schwachsinn. Die Zeiten sind ernst in Italien. Wer wirft da freiwillig das Handtuch?
De Biase hatte solche Gedanken als Mist abgetan und gespottet, ihm und Fiarè, den Führern, imponiere kein Zwerg. Entweder er nehme nun teil oder nicht. Sie und die übrigen sechs würden demnächst Erster Klasse verreisen, man schicke ihm dann ein Bild der Hawaii-Inseln.
Beides war Luigi fremd. Er stammte aus bäuerlichen Verhältnissen, sein Hof lag droben am Monte Rosa, wo man die Dächer wegen des vielen Regens wie Kapuzen vorzieht, und hätte vom dünnen Brei im Blechhafen (mit sieben Löffeln darin) berichten können. Aber wen juckte das schon.

Der graue Himmel ließ Flocken erwarten. Schnee, dachte Luigi Vogna beim Anstieg nach Crotto, ist von Michele nicht eingeplant worden, Spuren verraten uns. Doch morgen sind wir gescheiter. Antonioli jedenfalls bringt die Wende, sicher, auch wenn mein Patron mich zu halten versucht hat, er weiß gottseidank weder Hüh noch Hott. Ebbene, immerhin hab' ich ein Zeugnis bekommen. Vielleicht hilft es, falls etwas schiefgeht?
Luigi hielt an. Sein rotes Haar war naß, vom Bart perlten Tropfen. Er fingerte den Wisch aus der Brusttasche und las ihn, obwohl er die Sätze längst auswendig kannte: *Gute Hilfskraft... Ehrlich und fleißig... Zu meinem Bedauern...*

Sie waren einander noch vor zwei Tagen in Turin an der Ecke Via San Remo/Corso Cosenza begegnet, unweit vom Autowerk Mirafiori, um ein paar schnelle Schnäpse zu trinken und letzte Vorbereitungen zu treffen: Michele De Biase, Lorenzo Fiarè, Giuseppe Vacca, Antonio Lo Giudice, Franco Bollo, Salvatore Scattaretica, Giorgio Tinti und Luigi Giacomo Vogna.
Wie kommen solche Genossen zusammen?
Fiarè und De Biase hatten Luigi im Straßencafé *La Marmotta* kennengelernt. Die beiden Kalabrier merkten rasch, daß der Valsesiano gutmütig war (um nicht zu sagen: naiv), riefen vier Landsleute sowie einen fröhlichen Sarden und servierten ihre Geschichte. Man bat den Bauern, zwei Wochen lang jemanden zu betreuen, für dessen Gesundheit frische Luft und Ruhe notwendig seien. Zwar ganz legal könne das Drumherum nicht genannt werden, doch nach erfolgter Aktion werde es Lire wie Reiskörner regnen.
Die Arbeit als Packer… wandte Luigi ein.
Vergiß sie, sagte De Biase, stellte Vorschuß in Aussicht und flüsterte dann mit seinen kalabrischen Freunden. Der Mann aus Sardinien lachte: Prost, Compagnone! Welches Königreich kaufen wir?
Das hatte Vogna gefallen. Jetzt freilich, schon in Sichtweite des Gehöfts, plagten ihn Zweifel. Was, wenn der Feriengast ausbliebe und alles ein Scherz wäre, den sich sieben Süditaliener mit dem Bergdeppen machten?

Er wartete zweimal vierundzwanzig Stunden. Schnee fiel, wenn auch nur schwach. Am dritten Tag standen die Berge morgens zum Greifen nah unter einem perlfarbenen Himmel, es war windstill und kalt, der Rauch stieg senkrecht aus dem Kamin und konnte vom Tal her anvisiert werden: ein blaues Signal.
Tüchtige Wirte bieten ihren Kunden etwas, selbst wenn sie nur kurz bleiben, warm hat das Quartier zu sein, dachte Vogna. Er spaltete

Isoliert, vom restlichen Leben getrennt, liegt dieser Einzelhof. Selveglio (1536 m) zählte vor 200 Jahren zu den größten Dörfern des Tals, bis Lawinen und Feuer wüteten.

Holz. Beim letzten Treff in Turin war ihm gesagt worden, daß der Besucher Roberto Antonioli heiße. Dieser arme Mitmensch sei krank, trete deshalb eine kleine Kur an und werde dann erst entlassen, wenn Papa Pino bezahle.
Kein Risiko? hatte Luigi sich vergewissert. Schafskopf, war die Antwort gewesen, weder für dich noch für uns. Aber dir, Polentone, wird es bald Mühe machen, deine Millionen zu zählen. Schaffst du's bis drei? Hahaha!

Stunde für Stunde trat Vogna vors Haus. Daran gewöhnt, Verträge zu halten, hob er sein Glas und suchte den Weg ab. *Maisfresser* hatten sie ihn genannt, diese schwarzen Terroni, die das Land ihrer Väter nicht mehr bebauten, um stattdessen der Mafia nachzulaufen...
Aber dort?
Polentone hin oder her – es kroch fern zwischen Bäumen, erhob sich, sank, wurde wieder sichtbar, verschwand. Selten stieg jemand von Pian' nach Crotto hinauf, also waren die beiden Gestalten wohl Fiarè und De Biase. Sie gingen gebückt. Bei näherem Hinsehen erkannte Luigi vier Männer, nämlich Scattaretica, Tinti, Lo Giudice und Bollo, alle miteinander eine lange Kiste schleppend. Giuseppe Vacca kam als fünfter und letzter. Er rief: Salute!
Wo habt ihr Antonioli gelassen? fragte der Bauer verdutzt.
Vacca pfiff durch die Zähne: Wen, glaubst du, bringen wir. Den Boß von Fiat persönlich?
Luigi Vogna wurde blaß. Dann sagte er stockend: Ihr... Ihr habt ihn niedergemacht. Bestien. Verdammte Mörder. Ich soll jetzt... diesen Toten... eingraben. Das ist es, was ihr wollt!
Arschloch, antwortete Lo Giudice an Vaccas Stelle. Hat der Herr Bier im Lokal?
Die Träger öffneten keuchend den Kasten. Drin steckten, als seien sie hastig hineingestopft worden, Teile eines zusammengehörenden

Ganzen. Man unterschied nach und nach blaues Wolltuch, Beine in hellen Hosen, gefesselte Arme, weiße Turnschuhe, wirres Haar, einen mit Pflaster verklebten Mund.
Bollo und Tinti hoben das Bündel heraus. Es stöhnte.
Nehmt ihm die Handschellen ab, befahl Vacca, unser Junge ist Gold wert.
Luigi kniete am Boden. Seid ihr verrückt? fragte er. Was wird hier getrieben? Ihr habt mir erzählt, ein Kranker...
Ist er auch. Krank! Schau' dir den Helden doch an! Sehen Gesunde so aus? Weg damit.
Sie schleiften ihn fort. Der Körper wurde im Stall auf Streu gelegt und vorerst sich selbst überlassen. Vogna säbelte nebenan Brot. Er schnitt Wurst, entkorkte Weinflaschen, kochte Kaffee und reichte Zucker herum.
Als durch die Trennwand ein Klagelaut drang, meinte Giorgio grinsend:
He, Giuseppe. Hast du gehört? Roberto verlangt nach der Mutterbrust. Wir müssen was tun, bevor das Kind türmt.
Vacca nickte und winkte Luigi. Vogna trollte sich, griff vorm Haus in seine Tasche, drehte eine Zigarette und zündete sie an. Die Bäche ringsum rauschten wie immer: leise, dunkel, ununterbrochen.
Im Stall lag der Fremde mit trüben Augen. Seinen Besucher zunächst nur als Schatten wahrnehmend, hob er den Arm und murmelte: Ich hab' euch nichts getan.
Wenn du brav bleibst, antwortete Luigi Giacomo, gibt es kein Unglück. Paar Tage Erholung, und alles läuft gut. Essen kommt noch. Haben sie dich schlecht behandelt, Poverino? Spritze, Tabletten oder ein Schlag übern Kopf? Nun ja, kann schon sein. Jetzt wird erst mal geraucht, aber ich bleibe hier, sonst brennt die Bude. Vorher –
Draußen waren Schritte zu hören, Gelächter und Wortfetzen: *Presto-presto, ciao ... sag' Michele ... bis bald ... tadellos ... aber natürlich ... ihr auch ... arrivederci!*

Der Mann aus Crotto sprach seinen Satz nicht zu Ende. Ketten klirrten, Antonioli wurde dreifach umwickelt und ließ es geschehen, ein Maderschloß schnappte. Gierig sog er an Vognas Kippe, die ihm in den Mund gesteckt worden war, als hänge sein Leben von jedem Zug ab.
Später, wieder zurück bei den anderen, vermißte Luigi den Sarden Tinti und Giuseppe Vacca. Sie seien abgestiegen, sagte Lo Giudice. Er, Scattaretica und Franco Bollo würden die Stellung halten, De Biase kümmere sich derweil ums Lösegeld.
Und Fiarè?
Geht dich einen Dreck an, bellte Bollo. Überhaupt bist du die kleinste Karte in unserem Spiel, nicht der Joker. Kapiert?
Aber dann wurde doch erzählt, wie alles an diesem 11. November 1976 gekommen war, und Antonio Lo Giudice ließ sich nicht unterbrechen:
Cinzano heißt das Dorf, jeder kennt diesen Namen am Tánarofluß zwischen Alba und Bra. Dort lebt der Fabrikant Antonioli. Signor Pino hat Kohle genug, man nennt ihn *Türschlösserkönig*, deshalb sichern wir uns seinen siebzehnjährigen Sohn. Roberto studiert in Turin und besucht jeden Tag das Technische Institut Bodoni, dreißig Kilometer sind's vom Elternhaus bis zur Via Sant'Ottavio. Die Sache ist klar. Gestern um sieben Uhr morgens kreuzen wir auf in zwei Flitzern nahe der Staatsstraße und sehen den Volkswagen von Origlia, einem Angestellten des alten Antonioli, mit Roberto als Beifahrer. Wir nichts wie los, ein BMW vorn, einer hinten, und Paolo Origlia in die Zange genommen. Der hält, wir geben ihm was aufs Hirn. Ohne Mucks wird er abtransportiert und vor Chivasso in seiner Karre zurückgelassen. Robertino kriegen wir ebenfalls hin, unser Passagier pennt von Cinzano bis Riva, Zeugen gibt's keine. Den Rest kennt ihr selbst: die Kiste etcetera. Und beim Papa hat es bereits kräftig geklingelt. Der Schloßkönig spurt, De Biase kassiert. Prost drauf!
Sie warteten.

Luigi ließ neuen Kaffee sieden. Dem Jungen wurde stumm eine kalte Minestra serviert, doch Antonioli wehrte ab; statt dessen, sagte er, könne man ihm gleich sein Exkrement in den Hals stopfen. Die drei Kalabrier am Herd aber tranken Schnaps und rauchten Zigarren. Zwei verhandelten eifernd, wie das kommende Kapital wachsen und Frucht tragen werde.

Da, wie gefällt, brach ihre Zukunft zusammen.

Salvatore Scattaretica war den Komplizen in dieser Erkenntnis voraus. Er hatte, um sich zu entleeren, wieder einmal die Küche verlassen gehabt und stand plötzlich mit offener Hose im Raum:

Heilige Scheiße.

Was los sei, fragten Bollo und Lo Giudice. Nun?

Dann hörten sie den Hubschrauber knattern. Sie liefen nach draußen und sahen ihn überm Hof kreisen. Sein Pilot war zu erkennen, er trug rote Handschuhe und hob einen Daumen.

Cacca! schrie Salvatore. Verfluchte Brut!

Hundert, nein, zweihundert Carabinieri des Mafiajägers Della Chiesa rückten vom unteren Wald her gegen Crotto hinauf: vier oder fünf Kolonnen sorgfältig sichernder Männer, die Maschinenpistolen im Anschlag.

Feierabend, sagte Franco.

Beim Prozeß in Vercelli wurden den acht Entführern zwischen dreizehn und zwanzig Jahren Gefängnis diktiert. Das Turiner Berufungsgericht drückte später die Strafen auf zehn bis zwölfeinhalb. Der Chef Michele De Biase galt nun als vermindert zurechnungsfähig; ein zu vierzehn Jahren Verurteilter kam frei, weil man ihm letztlich nichts hatte nachweisen können.

Luigi Vogna erholte sich nie mehr. Er saß zwei Drittel seiner zwölfjährigen Haft ab, wurde dann wegen guter Führung entlassen und litt schwer an der Schuld. Viele Leute im Tal mieden den Umgang mit

ihm, denn sie schämten sich des gemeinsamen Namens. Nur wenige kannten die schmale Trennlinie zwischen Täter und Opfer.
Unser Mandant, hatte es 1977 im Plädoyer der Anwälte Maggi und Mazzone geheißen, *wurde wie ein Werkzeug behandelt, dessen Funktion nach Gebrauch nicht mehr nützt. Wenn Lodovico Giacomo Vogna anwesend war, redeten die Übrigen stets kalabrisch miteinander. Alle wollten ihn glauben machen, das Unternehmen Antonioli sei harmlos. Sie erreichten leider ihr Ziel.*

Der Fuchs im Bau

Florindo Gens seufzt, Ada schaut zum Fenster. Kommt von dort eine Erklärung für Dinge, deren Zusammenhang ihr und dem Ehemann fehlt? Die Antwort bleibt aus. Wir sitzen schweigend um den Tisch. Als der Hund sich streckt, sagt Ada Giacomino: Versuchen könnte man's ja. Luigi frißt keine Menschen. Er hat nur Bammel und möglicherweise nicht ohne Grund. Laufen Sie doch mal zu ihm hinauf. Vielleicht überwindet der Fuchs seine Scheu!

Warum Angst? Vor wem?

Fragen kost' keinen Centesimo...

Jedenfalls mußte Vogna berappen, meint Gens, denn er liegt oft im Spital. Neue Adern sind dort fabriziert oder die alten geputzt worden, damit sein Herz besser pumpt. Ist das ein Leben?

Und dann der Horror, wiederholt seine Frau. Da fürchtet doch jemand, daß sie zurückkommen werden – diese Figuren aus Vibo Valentia, Cagliari, Nicotera. Es heißt, Luigi habe im ersten Verhör sein Gewissen befreit und alles über die Gauner verraten.

Glaubt ihr, hier zittert einer zu Recht?

Florindo Gens schnauft ärgerlich: Ich kenne ihn! Vogna hat nicht gepetzt. Außerdem wurde Michele De Biase hinter Gittern psychiatrisch behandelt, das war vom Appellationshof verfügt worden; wer so etwas jahrelang mitmacht, wirft auch als Boß keine Messer mehr.

Sie sind gut informiert, sage ich.

Man weiß, welcher Tratsch in den Bergen umgeht. Was passiert schon bei uns? Der Rest ist eine Sache des Menschenverstandes und reimt sich zusammen.

Beim Gang nach Crotto, den ich von Ada ermuntert antrete, fällt mir auf, daß die Wegtrasse Stück für Stück rutscht. Steinschlag hat Wunden am Hang hinterlassen. Der mit Schutt gefüllten Rinne des Rio della Piana folgend fällt es mir schwer, meine Richtung zu halten. Wohin? Nur kurz spitzt ein Gipfel durchs Geäst. Unter dem Dreikant der Punta Balmone, hatte Florindo erklärt, liege Luigis Haus.

Nicht die geringste menschliche Spur im Nadelteppich läßt hoffen. Regen rieselt, es tropft aus Flechten und stinkt nach Schwamm. Luigi Vogna, wenn nicht ohnehin tot, wird Fremden die Tür weisen. Wer unangemeldet kommt, verdient eine Abfuhr.

Solche Schlußfolgerung mahnt zum Halt, doch ich beiße mich fest und will weiter: trotz Kälte schwitzend, merkwürdig müde. Mein Atem geht flach, bis die Lärchen sich lichten. Wurzelwerk kriecht am Boden, kahle Kuppen wachsen im Nebel. Crotto kann nicht mehr fern sein.

Tausendneunhundert meldet der Höhenmesser, als ich den steinernen Bau endlich finde. Er liegt hinter einem Hügel zwischen zwei Felsen. Bewachsene Platten bilden das Dach, dessen Lücken mit Blech geflickt sind. Aus dem Kamin zieht kein Rauch. Nur zögernd, wie Jäger ihr Wild anpirschen, nähert man sich diesem Ort.

Zwanzig Meter entfernt bröckelt eine offenbar leere Scheuer; die Fluchtburg (denn nichts anderes stellt Vognas Heim dar) wird zunächst als Pferch erbaut worden sein. Hirten trugen Geröll zusammen und schichteten es, fällten Bäume, deckten das Mauerwerk, dann kam eine Esse hinzu, es wurde gekocht, Schafe schliefen im Raum und sorgten für Wärme. Weil aber manche Siedler seit jeher Stillstand mit Rückschritt gleichgesetzt haben, schufen sie Neues und trennten den Stall vom Wohnbereich ab.

So die Vorfahren oder Luigi selbst. Weshalb zeigt er sich nicht? Ich stiefle herum, meinem Gepolter antwortet nur flatterndes Echo. Bleibt der letzte Versuch. Als ich am Eingang die Klinke berühre, sagt jemand heiser: *Hände weg.*

Wieviel Schutz braucht der Mensch? Wer sich nicht vorsieht, geht leicht zugrunde. Kein Fremder weiß, welche Spur die Einsamkeit gräbt und was im Gebirge mehr schmerzt: materielle oder seelische Not.

Absurdes Theater. Wer führt hier Regie? Statt im Parkett zu sitzen, soll ich auf Anweisung handeln. Signore – Einsatz! Dieses Stück ist gut inszeniert. Offen bleibt, ob es als Komödie oder Trauerspiel endet.
Zur Stimme gehört ein Mensch Anfang siebzig, unterernährt, sein Kittel schlottert, die Füße stecken in Stiefeln. Fuchsrotes Haar faßt das Faltengesicht, bereift wirken Wangen und Kinn, ein Schnurrbart steigert den melancholischen Blick. Vielfach mit derben Stichen gestopft sind Jacke und Hose, wenn auch die ganze Gestalt einen sauberen Eindruck vermittelt.
Von oben herab tastet Argwohn. Mein Gegenüber hat lange Beine, was zwischen Südtirol und Sizilien eher selten sein mag. Aber da ist noch etwas. Ich sehe den schimmernden Lauf einer Pistole.
Der Mann sagt: *Niemand hat Euch gerufen.*
Innerhalb kürzester Frist eilt alles, was mir bisher Form gab, am Auge vorbei. Zugleich stenografiert das Gehirn: Wenn er schießt, bist du ein Minus in der Statistik des Tals, man wird dich nicht suchen, keiner gräbt je deine Knochen aus, sie werden schreiben *ein Rätsel wie viele* und dich vergessen.
Richtig, erwidere ich und staune über die eigene Ruhe. Sie haben gejagt?
Nein.
Er senkt seine Waffe.
Dieses Ding trag' ich immer bei mir.
Weshalb?
Ich rede jetzt, Herr. Ihr kommt von Süden? Seid Ihr Leuten begegnet, die über Luigi sprechen?
Nur Florindo und Ada.
Spielt keine Rolle. Also los. Gebt acht auf Eure Stirn.
Vogna öffnet die Tür mit zwei Schlüsseln: oben, unten, eine umständliche Prozedur. Sie hängt schief in den Angeln und ist innen durch eiserne Streben verstärkt. Es riecht muffig, als sei der Raum

wochenlang nicht gelüftet worden. Ich werde zum Stuhl dirigiert. Strohgeflecht krächzt.
Nun? *Warum lauft Ihr nach Crotto?*
Liebhaberei, sage ich harmlos. Man wandert wie Sie ein bißchen herum, besteigt Berge, tut dies oder das, genießt die Natur...
Quatsch. Italiener kommen Mitte August!
Zustimmend zerrt der Wind an lockeren Läden, Regen drischt, Dachbleche rattern. Luigi Giacomo, bis jetzt in Bewegung, ist stehen geblieben. Des Einsiedlers Miene drückt wieder Mißtrauen aus. Er schüttelt den Kopf und taucht ab.
Ich betrachte die Stube und schätze sie auf vier mal vier Meter. Inventur: Zwei Stühle, Tisch, Fensterbank, Liege, Buffet mit Glas. Wände, Boden und Decke aus rußigem Holz. Dem Eingang visavis eine ummauerte Kochstelle, der Rauchfang, schwarze Töpfe an Kette und Haken. Über Eck, wo bei bayerischen Bauern das Kruzifix hängt, lächeln Präsident Kennedy und die Lollobrigida Bild neben Bild, *Gina Nazionale* leichter geschürzt als John Fitzgerald.
Hinter mir Husten.
Appetit?
Auf was, denke ich und sage: Wegen mir nichts Besonderes.
Der Rothaarige legt Toma, Hartwurst, etwas Graues in Sülze, Gabeln, Messer und ein flaches Brot nebeneinander. Fremde Zungen, schmunzelt er, hielten kalten Schafsmagen wohl für Gift, dieses Zeug jedoch schmecke gut, mit Wein versetzt sogar köstlich. Man müsse probieren und urteilen.
Langsam kauend gebe ich zu, die Kost sei genießbar.
Ihr stammt also von dort, sagt Vogna, wo sie Bier aus Steinkrügen trinken. Ein Deutscher? Gleich war mir's klar. Keiner der Unsrigen geht Mitte April in die Berge. Oder nur Narren – scusate.
Und Sie? Haben Sie immer schon hier gelebt?
No.

Plötzlich sprudelt es aus ihm heraus. Er ist im Tal geboren, seine Familie war arm, sechs Kinder und die Mutter mit dem siebten ins Grab. Der älteste Bruder floh nach Amerika (um eine große Not größer werden zu lassen), drei Schwestern starben an Halsbräune. Vom Jüngsten meldete 1947 das Rote Kreuz, Caporale Mattia sei nahe Alexandrowsk am Ural verhungert. Er selbst, Luigi, führte Vaters Hof weiter, kaufte dann Crotto und hat später in Turin Arbeit bekommen.
Turin, sage ich. Wie lange?
Zehn Jahre. Aber diese Stadt? Ein einziger Schandfleck. Hunderttausend Idioten, Kalabrier und Sarden, Kriminelle, Erpresser!
Vogna rückt näher. Seine Augen weiten sich, der Atem stößt, eine Hand packt den Revolver und pocht auf die Bank.
Sie haben unsere Welt ruiniert, Gott ist mein Zeuge, nicht mal der eigene Sohn blieb verschont. Man hat ihn mir weggenommen! Terroni! Mafiosi!! Schwarze Banditen!!!
Er greift sich ans Herz und flüstert: Aber das Schlimmste wißt Ihr noch nicht. Die fallen wie Heuschrecken über alle Berge, fressen jeden Besitz, lassen Unheil zurück. Zwei waren schon da. Sie wollten den Stall niederreißen und mich – –
So etwas bedeute Mord, sage ich sanft. Gesetze breche kein Mensch ungestraft, gewiß träten viele Talbewohner für ihn ein, ich selbst würde sofort absteigen und Lösungen suchen. Ob er bessere Pfade kenne als den am Rio Piana entlang?
Von Crotto weg zehn Schritte rechts.
Hastig öffnet Luigi die Tür und wirft sie hinter mir zu. Ein Riegel kracht ins Gemäuer. Ohne Gruß entläßt mich der Alte.
Es schneit. Sieben Sinne leiten durchs Unterholz, in dem kleine Vögel schwirren und ihre Schnäbel wetzen. Tropfnaß erreiche ich Vogna sotto.

Sie haben uns wiedergefunden, stellt Signor Gens fest. Allora?
Ich sitze vorm Herd und erzähle. Ada Giacomino, die zuhört und dabei lautlos ihre Lippen bewegt, sagt am Ende: Grandios. Uns ist der Besuch aus Kalabrien verschwiegen worden. Was meinst du, Papa. Spinnt Luigi?
Florindo: Nicht im geringsten. Das waren keine Südländer! Dem sind vor Jahren zwei Provinzbeamte komisch gekommen und haben seinen Stall beanstandet. Abriß oder Umbau forderten sie, man mag über Vercellis Regierung zweierlei denken, denn Vogna hatte lange schon nichts mehr mit Schafen zu tun. Er machte *pumpum*.
Und dann?
Nichts weiter. War ja bloß Leuchtmunition.
Wir spinnen Gedanken. Ada strickt, Florindo liest Zeitung, der schwarze Hund schnarcht. Drei Likörgläser stehen auf dem Tisch. Seit meinem Start gegen Mittag blieb alles am Platz – und doch sind inzwischen weltweit fünfzigtausend Menschen geboren worden oder gar mehr, haben sich millionenfach Pläne erfüllt und zerschlagen, kreist unser Planet immer heilloser um die Sonne: ein Objekt ohne Ziel.
Was wird auch hier anders werden? Wie, wenn ich Vergleiche anstellte? Heute und zwölf Monate später?
Ada Giacomino knipst das Deckenlicht an. Blau schummern Fenster im Feld der beleuchteten Wand.
Etwas, sage ich schließlich, ist mir noch immer nicht klar. Wie konnten eure Carabinieri von Cinzano aus sechs Stecknadeln finden? Welcher Fehler hat Antoniolis Entführer verraten?
Florindo Gens nickt.
Nadeln... Und Fehler? Du meine Güte, wer's nicht erlebt hat! Also: Vier Tage und Nächte lang schneite es ununterbrochen. Dann kamen die Strolche mit Roberto ins Tal und wurden von der Fahrstraße aus gesehen. Ein Schneeräumer schöpfte Verdacht. Er wendete seinen Pflug und alarmierte den nächsten Polizeiposten.

De Biase, Lorenzo Fiarè? Wann wurden sie …?
Wie schon gesagt. Luigi hielt dicht. Hörst du, Frau? Aber andere haben desto lauter gesungen. Deshalb werd' ich auch nie verstehen, warum einer in Crotto sitzt und sich fürchtet.

Hinter Tre Croci

Der Juni ist da. Fast möchte man glauben, er habe über Nacht mit Pinsel und Farbe die Wiesen betupft, doch seine Boten wurden hier schon lange entdeckt. Nicht Pässe hat dieser Sommer gequert, denn warme Monate sind Talwanderer. Sie brechen am Mittelmeer auf, ziehen nach Norden und steigen anschließend höher.
Dem Beispiel folgten die Bauern. Seit fünf oder sechs Jahrtausenden stehen ihre Schafe jeweils während der kalten Zeit im oberitalienischen Tiefland, grasen zwischen Anfang Juli und Ende September unter den Schneegipfeln (wo das Futter besonders gut schmeckt) und erreichen dann wieder die Ebene. Transhumanz heißt dieser alte Landwechsel; er soll noch immer rentabel sein, geht aber auch im Val Vogna mangels geeigneter Winterweiden zugrunde.

Wann kommen sie heuer nach Sant'Antonio? frage ich.
Silvino Vaira, der Wirt, sitzt am Tisch und sagt leise: Man weiß es nie so genau...
Eben hat jemand vom Dorf den Gastraum verlassen. Sein Dialekt ähnelt Schneuzlauten, die Blicke des Mannes haben mich ausgespart. Silvinos Frau nennt ihn Orso, worauf ich den trüben Apriltag in Angiolina Gens' Wohnküche wachrufe (*ein Mutterherz ist die sicherste Zuflucht*) und denke: Diesen Namen kennst du! Ursus, der Bär. Attackiert er auch Wanderer?
Silvana Ferraris lacht und erzählt – in jener geruhsamen Weise, die für Bergler typisch zu sein scheint.

Wir, höre ich, wir hängen am Tal. Silvino ist hier geboren, aber er wollte nicht immer Vieh hüten. Capisce? Nun wissen Sie wohl, daß man von Alagna zur Punta Indren eine Seilbahn gebaut hat. Dort haben wir Geld verdient. Ja. In Cà Morca di Valvogna aber gab Lino Jachetti anno fünfundsiebzig seine Gaststätte auf. Wo sollten sich unsere Jungen jetzt treffen? Dunque, ohne die *Trattoria degli Amici* mußte etwas passieren. Wir sind zum Bürgermeister nach Riva gegangen und haben um Hilfe gebeten. Da schlägt Signor Gabbio vor: Baut doch aus! Warum, meint Silvino, nicht die alte Schule? Gut, antwortet der Sindaco. Das ist dann angepackt worden.
Solo?
Natürlich nicht. Man könnte sagen, alles lief bestens. Zehn Jahre nach Linos Abschied war das Lokal fertig. Wir haben es von der Gemeinde Riva Valdobbia gepachtet, und ich komme zum Schluß: Ohne den Fahrweg wär' dieser Flecken tot. Wer würde allein in Sant'Antonio bleiben? Nur Remo Orso. Kein anderer.
Allmählich erscheint mir der Nachbar in hellerem Licht. Ich nehme mir vor, seine Schale als Schutzschild zu sehen und dem Kern wenig abzuverlangen. Geduld ist das beste Werkzeug beim Umgang mit allem was lebt.
Wohin geht man heute? fragt Vaira so behutsam, als sitze ein Kranker am Frühstückstisch.
Zur Cima di Janzo vielleicht, sage ich. Waren Sie schon mal ganz oben?
Ehe er reden kann, trampelt es auf der Treppe. Die Tür schwingt, drei Kinder schieben sich gegenseitig herein und erstarren. Das Mädchen trägt sein braunes Haar kurz, zwei kleine Buben sind kahl (Mutters Schere hat furchtbar gehaust) und halten Hände.
Daiaana? ruft es aus dem Keller.
Älteste unter vieren zu sein und Pflichten zu haben, fällt einer Acht- oder Neunjährigen schwer. Daiana schmollt, doch Silvino bedeutet ihr flüsternd, sie möge eilen. Der Gast sei abends zurück.

Remo Orso, der Bär. Ende sechzig und ohne Familie. Letzter Bauer in Sant'Antonio. Vier Kühe. Wer wird nach ihm noch mähen und Mist auf die Wiesen werfen?

Ich trete vors Haus. Emanuele und Leonardo rangeln draußen wie Zicklein, aber ohne Gemecker, ihre Nummer gilt mir. Auf dem Sandplatz holpert der Benjamin mit seinem schockfarbenen Traktor und kräht:
Zau! Dovvai?
In montagna, Filiberto.

Die Weiden sind feucht. Gräser blinken, das Val Vogna badet im Licht. Noch gestern meinte eine Bauer namens Marco Carmellino aus Casa Verno, dessen Glatze ich bisher nicht kannte, selten habe er schönere Blumen erlebt. Man scheue fast den ersten Schnitt, müsse deshalb beim Mähen immer ans Wintervieh denken und daran, daß gepreßtes Stroh aus Pavia für zehn hungrige Kühe je Monat einskommafünf Millionen koste. Troppo, Signore! Zu teuer. Marco schwingt deshalb die Sense, vor ihm öffnen sich Schneisen. Schon morgen wird er Heu im Flechtkorb zum Hof tragen: jeder Gang eine Balance ohne Publikum.

Bis zur Ponte San Bernardo bestimmt der alte Saumpfad Mailand-Lyon meinen Kurs. Unterm Steg schäumt die Vogna, kein Vergleich ist möglich mit ihrer hellen Unschuld Ende August; jetzt schwemmt sie, was hoch oben schmilzt, in Schüben davon.
Zunächst weiß ich nicht mehr als das, wenn auch mein Kartenblatt Namen nennt. Ein quasselnder Bach deutet an, wohin zielen muß, wer zur Alpe Laghetto Gianniuna finden will. Vorm Stadel Pra d'Otra steht die Wiese wie eine lebende Wand. Auf dem First wacht *der weiße Stein gegen Blitze und Hexen*. Es kriecht, flirrt, summt, zirpt und wetzt um mich herum; hundert Tritte haben hinter mir tausendmal Flucht ausgelöst, als ich den Torrente del Cavallo von Stein zu Stein hüpfend kreuze.

Und nun?
Niente di più! Weder Weg noch Spur. Nur hartes Gesträuch, das jeden Kontakt mit Schlägen quittiert. Doch wo sonst sind Treiber und Tiere jahrhundertelang im selben Rhythmus, zwischen jeweils zwei Dutzend Schritten ein wenig Kraft sammelnd und dann ihren Schaukelgang fortsetzend, zu Plätzen gezogen, deren Dasein heute bloß Fundamente beweisen?
Links des Pferdebachs stürzt die Wand der Cima Tre Croci in schwarzen Fluchten. Dort ist kein Durchstieg erlaubt. Aber seltsam – unwillkürlich findet mein Fuß einen Felswulst mit vier tiefen Kerben, und diese von Menschen geschaffene Treppe signalisiert: Du gehst nicht fehl.
Jetzt fällt mir auf, daß dieser Tag im wilden Osten der Vogna mich von allem Bisherigen trennt. Nach dem Wechsel zum Südrand des Wasserlaufs werde ich plötzlich begleitet von einer sanften Autorität; etwas Lenkendes naht, das manche Bergsteiger aus den Zonen zwischen siebeneinhalb- und knapp neuntausend Meter kennen. Freilich lähmt keine sauerstoffarme Luft meine Zellen. Ich bin ebenso wach wie selbstsicher und überlege dennoch nicht ohne Frösteln, welche Macht momentan mit mir spielt.
Geisterwelt unter Zweitausend?

Der gestaltlose Führer war zuverlässig. Sul Cavallo, Gianniuna: da sind sie. Um beide und den höchsten Adlerhorst Testa del Cavall' haben Riesen graues Blockwerk verstreut, die Almen bieten Bilder extremer Isolation und ihr Anblick erschüttert, weil fehlt, was zum Bauernerbe gehört – grasende Rinder, Hirtengeschrei, das Klingeln der Glocken, Mistgeruch, Rauch.
Nichts davon hier. Eine Lacke spiegelt den weißblauen Himmel, der kleine Pferdebach plätschert. Ich rufe, doch Laghetto Gianniuna schluckt meine Avance. Werben ist zwecklos.

Einsamkeit kann befreien und manchen Schwung, mit dem wir unsere Existenz aufmauern, als müde Mechanik entlarven. Hinter Tre Croci aber ist die Stille lastend statt leicht, drei Kreuze am Gipfel wirken wie Grabmäler. Sie zwingen mich während des Anstiegs zur Cima di Janzo, deren splittrige Schulter konzentriertes Klettern verlangt, immer wieder zur Rückschau.

Und dann stehe ich oben! Meine fremden Freunde sind fort.

Das Tal ruht vor mir, ein Ast mit vielen Verzweigungen im Gewirr der Grate und Gipfel. Ich erkenne von Nordost nach Südwest Cima Carnera, Tagliaferro, den Walserpaß Turlo, Signalkuppe, Ludwigshöhe, Vincentpyramide, Corno Bianco, das Hospiz am Valdobbia und jene rund dreitausend Meter hohe Punta Carestia, deren Kamm von Sant'Antonio aus gesehen die Wolken streift. Nun, als Nachbar des Monte Rosa, begnügt er sich mit einer Nebenrolle.

Es ist spät. Schon halb zwei, etwa fünf Stunden seit dem Start, doch der Spitzentanz wird noch eröffnet. Mein Solo zur Bocchetta d'Ea hinunter fordert jetzt Sorgfalt im Umgang mit Schrofen und Gras; hundertfünfzig Meter auf Messers Schneide lassen am Joch erst einmal andere Wege vergessen. Ich strecke mich lang.

Der Wind fegt den Sattel. Er kommt von Norden und nutzt die Bocchetta als Schneise, so daß es bald kühl wird. Eine Acht über rotgelben Strichen zeigt an, daß man hier zwischen Artogna- und Vognatal wählen kann, in meinem Fall mehrere Stunden von Riva, dem Ziel im Valsesia, entfernt.

Dunkle Polster liegen auf dem Rosa-Massiv. Blitze fackeln, es grummelt. Zu Beginn des großen Regens habe ich die Alpe Laghetto Stella erreicht, vom sicheren Stall aus läßt sich das Gewitter verfolgen. Wasser rauscht hier und am Westhang der Vogna; wo vorher nichts war, spült jetzt ein Netz neuer Bäche alles weg, was heiße Tage gedörrt hatten.

Zähne klappern. Schüttelfrost? Fieber? Ohne Laut webt etwas im Hintergrund. Ich kann das Unfaßbare weder sehen noch hören und weiß doch: da teilt jemand mit dir den Raum. Es wird mir schwer, meine Beklemmung abzustreifen. Der Gedanke, jetzt allein etwas Drohendem ausgeliefert zu sein, lähmt in einem Maß, dessen Intensität schreckt.
Trotzdem! Ich raffe mich auf, um Laghetto Stella zu erkunden. Die Alm ist nicht bewohnt, wahrscheinlich leer und durch starke Schlösser gesichert. Nur im Viehgaden modert Holz. Alle Fenster sind verrammelt. Sie geben dem Bau einen schläfrigen Anstrich.
So sieht keine Spukhöhle aus...
Sattes Brummen holt mich zurück. Wie zum Beweis völliger Normalität kurvt ein weißer Kombi ins Val Vogna hinein. Hinter Madonna delle Pose dreht er auf, sein Lenker gibt Gas, dann zwingt ihn die Steigung zum Drosseln. Der Motor heult.
Ich setze den Feldstecher an.
Gelati Motta! Eis für Silvino.

Bist du gerannt?

Daiana hat Ferien. Sie schrubbt geräuschvoll den Holzboden, ich bestelle Kaffee. Vairas Tochter wird sonst täglich mit Four-Wheel-Drive von Sant'Antonio nach Alagna gefahren, aber irgendwann geht das zu Ende, denn ihr Unterrichtsplatz soll verlegt werden.
Der Wirt schäumt Milch auf. Er steht hinterm Tresen und sagt mit Bedacht: Ich kenne diese Pläne genau. Eine *scuola elementare* brauchen wir hier statt fünfundzwanzig Kilometer entfernt in Balmuccia, alles andere treibt die Landflucht voran. Erst haben sie unsere Schule geschlossen, bald ist Alagna Sesia fällig. Und dann?
Wir schreiben den vierundzwanzigsten Juni. An diesem blitzblauen Morgen wird Giorgio Narchialli erwartet. Silvino hat mir überraschend von einhundertzwanzig Tieren erzählt, die von Riva Valdobbia bis zur Alpe Fornale (Fornaj) getrieben werden, das macht siebenhundert Höhenmeter aus und fünf Stunden Wegs. Narchialli, in Trivero nahe Biella geboren, nutzt am Fuß des Monte Palancà gutes Weideland. Daß er als reich bezeichnet wird, ist ihm kein Wort wert, denn wer vom eigenen Geld spricht, weckt fremde Neugier und schädigt sein Renommee.

Auf dem Asphalt zwischen Sant'Antonio und Cà di Janzo liegt plattgefahrener Mist. Sechzig Schafe und Ziegen haben Giorgio und dessen Sohn Germano schon gestern nach Fornale di mezzo geschleust: eine Leistung, die in den Bergen niemanden Lob singen läßt.
Decken werden vorm Heim der *handicappati* gelüftet. Ihr Ortswech-

sel von Casale her meldet sich an; wenn Vikare wieder mit großen und ungelenken Kindern lustwandeln, ist die Saison im Val Vogna eröffnet. Ich lausche. Wenigstens bellende Hunde sollten vom früheren Gasthof aus hörbar sein, doch der Rio di Janzo strudelt dagegen. Bricht Narchialli in Riva zur selben Zeit auf?
Das Entfalten einiger Fotokopien belebt meine Phantasie, färbt die Umgebung freundlicher und kürzt so das Warten. Don Dario hat mir ein weinrot gebundenes Büchlein empfohlen, dessen Autor vor fünfundachtzig Jahren Giovanni und Marietta Favros *Albergo Alpina* feiert, als stehe ihm die Rendite zu.
Schlicht ist er, schreibt Graf Gioachino Toesca di Castellazzo, *aber sauber und bestens geführt. Hier findet man ganzjährig größten Komfort bei gesunder und reich bemessener Kost. Es gibt einen Speisesaal, Salons für Feste und Bälle, Billard- und Lesezimmer, Bäder, elektrisches Licht sowie ein Labor für Liebhaber der Lichtbildnerei. Sommers wird zweimal, im Winter einmal täglich Post expediert, und alles geschieht mit rührendem Eifer, ohne den Beutel zu schröpfen.*
Favros Hotel in Casa di Janzo, lese ich weiter, sei vor 1883 nur ein kleiner Ausschank gewesen. Es habe sich dann *unter der Schirmherrschaft unseres unvergeßlichen Bergsteigerapostels Richard Henry Budden entwickelt, eines typisch englischen Gentlemans, wahren Italienfreunds und leidenschaftlichen Liebhabers des Valsesia.*
Was Toesca den ersten alpinen Adressen der Schweiz oder Deutschlands gegenübergestellt hat, zeigt sich jetzt schmucklos und kühl – zwei Kästen aus Bruchstein, die Mietshäusern gleichen.
Was bleibt? Legenden vertragen keine Recherche.
Noch tüftle ich, wieder bergwärts bummelnd, an der Frage herum, woran Giorgios Almauftrieb scheitert und weshalb das Projekt Favro nurmehr Kulisse ist, als ein schwarzer Fiat vorbeifährt. Ich beschleunige mein Tempo und komme vor Sant'Antonio gerade zurecht, Hochwürden Lenticchi mit zwei Begleitern ebenso kraftvoll wie schnell in Richtung Talschluß wandern zu sehen.

Was tut Don Dario? frage ich.
Er segnet die Häuser im hinteren Valvogna, antwortet Silvana Ferraris, um Ostern waren alle vorderen dran. Unser Pfarrer beginnt in Montata, liest für Peccia die Messe und geht dann nach Piane.
Aber Giorgio?
La Transumanza, sagt der Wirt Silvino leichthin, chi sa. Wer weiß. Sie werden's schon schaffen.

Alle drei Jünger Petri sind gut zu Fuß. Ihr Schritt greift aus, die Soutane des Priesters bauscht sich im Wind; manchmal hält er kurz an, trocknet seine Stirn und betrachtet das Land. Ich bin rasch, immer wieder in Sichtweite der Mulattiera, an Sotto Rabernardo vorbei durch süß duftende Wiesen gelaufen, habe hoch über mir einen Wetzstein auf Blech gehört und sehe nun Peccia liegen.
Von Don Dario nichts.
Der Weiler scheint menschenleer, doch er tarnt sich wohl nur. Zwei Mistgabeln vor offener Stalltür, ein qualmender Schornstein, nasse Hemden am Seil oder die schriftliche Ankündigung *si vende burro e formaggio* stellen insgeheim klar, daß nicht bloß Butter und Käse produziert werden, sondern auch Kundschaft willkommen ist.
Längs des zum Kirchlein führenden Treppenwegs wachsen purpurne Primeln, hinterm Turm wellt sich der Punta-Plaida-Grat. Seine Nordflanke ist noch verschneit. Den kommenden Herbst im Kopf suche ich Rinnen und Bänder nach gangbaren Routen ab, als Gekreisch alle Aufmerksamkeit umlenkt. Zwei Buben balgen sich zwischen San Grato und einem erneuerten Holzhaus. Sie ringen, raufen und rollen übereinander; die Eltern beobachten das Duell, feuern an oder suchen zu schlichten: eine biegsame Italienerin mit olivbrauner Haut und ihr Partner.
Wo habe ich beide schon einmal gesehen? Mein Gedächtnis sortiert, prüft, scheidet aus, holt neue Figuren hervor, vergleicht sie mit ande-

Oro (1500 m) umfaßt acht Anwesen und die Kapelle San Lorenzo. Das verlassene Dorf, in dem nur noch Mario Carmellino seine Hühner füttert, wird vom alten Pfarrer nicht mehr gesegnet. Doch zum Patronatsfest am 10. August steigt er keuchend hinauf.

ren und stellt mich schließlich auf den Maultierweg bei Piane di sotto, genau dorthin, wo der Rio Cambiaveto ins Vognabett fährt. Ein Graubart kam mir entgegen, so war es! Stiefelte wortlos vorüber. Seine Frau folgte und wandte sich ab.
Leute aus Mailand, meinte später Marino Carmellino in Rabernardo, modernisieren seit Jahren die Casa Rosa unter San Grato. Hast du nie den Helikopter bemerkt? Frag' nicht, was Reiche für höflich halten. Die sind eben so.

Am Kirchentor wird Präsenz verkündet: *SS. Messa, ore 10.* Ich sehe den flatternden Zettel und finde wieder Kontakt mit Gottes Trio, dessen Chef eben die letzte Kehre unter Montata nimmt. Heilige Ausdauer. Woher holt dieser siebzigjährige Hirt trotz Diabetes und Übergewicht seine Kraft?
Ciao! ruft Don Dario, umarmt mich, spendet Wangenküsse und sagt: Du siehst schlapp aus, mein Lieber. Bist du gerannt?
In respektvollem Abstand stehen Signor Ettore Bello und Italo Carmellino, ein kleiner Mann mit krummem Rücken. Mesner Italo schultert das Vortragekreuz. Er lächelt. Ettore wirkt selbstbewußter, blickt aber sanft wie der messinggetriebene Jesus und streckt mir die Rechte hin: Bello, Bello di Riva Valdobbia. Angenehm.
Dann wären wir also komplett, meint der Geistliche.
Er zieht mit Italos Hilfe das spitzenbesetzte Chorhemd an, legt eine Stola um seinen Hals und wendet sich dem ältesten Haus von Montata zu. Es hat, außer der Kapelle Maria zum Schnee, als einziger Bau den Großbrand Ende 1899 überstanden: verwittert, morsch, vom Wurm perforiert.
Don Dario betet. Der Südwind trägt seine Sätze davon und weiht sie dem Dorf. Viel lebt dort nicht mehr, denn die Siedlung ist Jahr für Jahr nur noch während des Sommers bewohnt und wird, *Gott läßt dies zu*, bald ein Bauerngrab ohne Gedenkstein sein.

Segnende Arme (Antennen zum Empfang ferner Funksprüche) beschließen das Zeremoniell. Andächtig folgen ihm Ettore Bello und Italo Carmellino, der kleine Bäcker im Ruhestand still mit gefalteten Händen.
Vorm zweiten der drei Gebäude winkt Paolo Gens, ein Senn mit Witz, und nötigt zu Schnäpsen. Man plaudert. Don Dario erfährt nebenbei Neues zum Thema Fleisch- oder Milchpreise und lacht schallend, weil Gens verschiedene Schnurren erzählt, was den Seelsorger freut.
Gewiß hat nur die Sonne unsere Backen erwärmt. Der Pfarrer setzt seine flache Schildmütze auf, wird ohne Übergang dienstlich und mahnt:
Freunde, es ist schon halb zehn. Wir müssen zur Messe. Italo?
Carmellino nickt. Christi Haupt weist nach Peccia. Das *oratorio* mit seinem von grünen Matten umgebenen Kirchturm lockt noch keine Gläubigen an, doch jemand zieht eben deshalb so heftig am Strick, daß die Glocke minutenlang Zeter und Mordio bellt. Fast möchte man meinen, Italien schmachte in Satans Feuer und von Triest bis Trapani sei niemand zum Löschen bereit.
Wir eilen bergab.
Was für ein Tag! Wiesen und Weiden vibrieren vor Saft, das Val Vogna als letztes aller Gebirgstäler wurde erst heute vollendet, es wirkt lebhaft und frisch. Zugleich entsteht zwingend der Eindruck, daß sich die Schöpfung auf Erden stets selbst genug war und nie des ordnenden Menschen bedurfte.
Am Brunnenhaus von Montata begegnet uns Osvaldo Carmellino. Er treibt Marinos Vieh von Rabernardo zur Alpe Larecchio, schmunzelt und hebt seine Hand. Die Hündin Mirca äugt schief mit verklemmter Rute.
Ciao, Osvaldo!
Buon giorno, Padre.
Schön heute, nicht? fragt der Pfarrer.

Veramente.
Dann addio, mein Sohn! Man braucht mich.
Aufwiedersehn, Vater.
Bei San Grato im Schatten warten inzwischen sieben Sommerbewohner des Fleckens Peccia. Gina Gens, eine achtzigjährige Bäuerin mit skeptischen Mundwinkeln, humpelt an Stöcken. Sie wird von ihrer Schwiegertochter Alda begleitet und bis zur Kirchenbank immer wieder vor Stolpersteinen gewarnt.
Das Glöckchen läutet nicht mehr. Ich sitze hinten im Schiff, rieche den faden Mief früherer Messen und blicke zum Altar.

Die hungrigen Gäste

Nach dem Gloria hatte der Priester zwei Bibeltexte gelesen. Dann predigte er aus den Psalmen.

Ich rufe zu Dir, sprach die Heilige Schrift, *denn mein Herz ist in Angst; Du wollest mich führen auf einen hohen Felsen. Du bist herrlicher und mächtiger als die ewigen Berge. Werden Deine Wunder in der Finsternis erkannt oder Deine Gerechtigkeit im Land des Vergessens?*

Dario Lenticchi schaute auf seine Schar. Es war leicht, sie mit einem Blick zu umfangen. Gina und Alda Gens hockten da, die junge Mutter aus Mailand rustikal verkleidet zwischen ihren gekämmten Söhnen, zwei Gäste des Ferienhauses nahe San Nicolao am Ortsrand und schließlich der Deutsche.

Herr, dachte Don Dario, Dein Rat ist klug. Du hast mich klettern gelehrt, ah ja! ich mußte ein Leben lang gegen den Strom steuern. Die erste Pfarrei in Cannobio war noch bequem, bald aber ging es empor; ich träume nun wieder vom Lago Maggiore, fünfzig Jahre sind vergangen seit meiner Ordination, und jetzt frage ich: Höher hinauf als Riva, Signore, wirst Du doch einen alten Mann wie mich nicht mehr schicken?

Der Geistliche hob seine Stirn. Die Decke war wassergerändert, Licht floß durch offene Fenster.

Dio onnipotente, flüsterte Don Dario, diese Menschheit verdirbt. Zur Zeit meines Vaters wuchs hier überall Roggen, Hanf oder Hafer. Man blieb arm, doch selbst die Ärmsten besannen sich hundertmal, ehe sie ihre Heimat mit dem Exil tauschten. Zweitausend Jahre nach Bethlehem aber will keiner mehr ackern. Wenn es Dir recht ist, All-

mächtiger, sogar Mikroben zu nähren – warum läßt Du nun Deine Bauern allein?
Er senkte den Kopf zur Fürbitte.
Hinterher atmete der Priester freier, als sei Schweres von ihm genommen. Trotzdem würde er heute beim Abendmahl Brot und Wein nur zögerlich kosten. Wie war denn sein eigener Alltag verlaufen? Hatte es unter klerikalem Schutz jemals leere Teller gegeben?
Erhebt eure Herzen.
Carmellino reichte Schale und Kelch. Des Meßdieners Hände zitterten. Auch du wirst alt, dachte Don Dario, hielt Jahrzehnte im Mehlstaub für Italos Husten verantwortlich und litt mit dem Mann aus der Backstube. Sah er diese erschrockenen Kinderaugen erst jetzt? Povero ...
Sie sangen: *Mein Leib, mein Blut.* Padrenostro und Agnus Dei füllten den Raum. Ein paarmal wieder die Glocke, dann Schweigen.
Nur fernes Gezwitscher war zu hören und das Rauschen des Torrente Vogna.
Sono bravi, dachte der Pfarrer, hier wohnen bescheidene Sünder. Meine Lazier, Carestia, Jachetti, Carmellino und Gens respektieren noch menschliche Werte. Sie kommen ins Paradies oder (er wollte gerecht sein) aufs Wartegleis. Manche Städter jedoch, Madonna, werden im Höllenschlund landen.
Es schmerzte ihn, Schafe vorm Abgrund zu wissen. Er bat Gott um dessen speziellen Beistand für alle Fremden. Fest mußte man notfalls die Strauchelnden jedweder Herkunft am Arm nehmen, doch Güte lag dem Seelsorger näher als streng erteilte Lektionen.
Gedenken wir unserer Lebenden und Verstorbenen, sagte Don Dario.
Preghiamo per i morti della montagna!
Schuhe scharrten, die Gemeinde stand auf. Es war jetzt noch stiller als während der Kommunion. Finger griffen ineinander. Schultern fielen, Lippen bewegten sich.
Und sie kamen.

»Ich rufe zu Dir«, sprach Don Dario, »denn mein Herz ist in Angst; Du wolltest mich führen auf einen hohen Felsen. Du bist herrlicher und mächtiger als die ewigen Berge. Werden Deine Wunder in der Finsternis erkannt oder Deine Gerechtigkeit im Land des Vergessens?«

Ohne zu klopfen traten sie ein – lautlos, flink und fast schwebend, zogen Nachfolger mit, suchten, irrten herum, fanden Platz, knieten nieder, schlugen das Kreuz. Immer mehr Männer, Frauen und Kinder drängten hin zum Altar, schoben, preßten, hielten an, tuschelten oder seufzten: *die Toten der Berge*. Niemand außer dem Pfarrer konnte sie sehen. Dieser, kein Feigling, erschrak dennoch und war plötzlich in blauer Dämmerung gefangen. Fensterglas klirrte. Es stob von draußen herein. Kerzen flackerten und verlöschten.

Sie stellten sich vor ihn mit fahlen Gesichtern, barhäuptig, ihre Kleider feucht und zerrissen, die Münder voll Schnee. Manche hatten kaum laufen können und lagen jetzt reglos am Boden, andere sahen seltsam zwergenhaft aus, schwarz wie Schrumpfäpfel oder nach der Art peruanischer Mumien gefaltet.

Ein Greis gab Zeichen, das Raunen erstarb.

Bitte? fragte Dario Lenticchi.

Man ist hungrig gekommen, antwortete der Alte. Man friert und hat Durst. Teilt Euren Tisch mit uns!

Don Dario erschrak. Er versuchte den Bann zu lösen, doch kein Gebet fiel ihm ein.

Ich kenne nicht einen von euch. Wer seid ihr?

Da begannen sie nacheinander zu sprechen. Leise, langsam, mit stockenden Stimmen:

Giacomo und Antonia De Graulis, sechzehnachtundzwanzig hat uns und das Neugeborene in Peccia eine Lawine verschüttet... Pietro di Fervento fünf Jahre drauf unterm Colle Valdobbia... Antonio Chaveggia, zwanzig Jahre, 1646 ebenda... Drei Jahrzehnte später am selben Joch Antonio Giacomini und Giacomo Rondo aus dem Lystal... Mitte April 1699 Pietro Calcia mit Caterina Raig, der Schnee hat uns im Cambiaveto-Graben erstickt... Giacomo Squinobal, Gressoney, 1702 am Weg zum Paß... Giovanni Francesco Marchetti, 1714 bei Larecchio, drei Tage vor Weihnachten... Ende Januar 1728: Giuseppe Galinotti aus Campertogno, erfroren im Vallone di Valdobbia, erst gegen Mitte Juni 1729 haben sie endlich meine verstreuten Knochen gefunden …

Hört auf! bat der Priester.

… und beigesetzt … Nicola Gamba, Michele, Giovanni Battista und Giacomo Perello aus Peccia; das Unheil kam am einundzwanzigsten März, drei hat der Torrente Vogna zerquetscht, unsere Leichen wurden im Mai geborgen … Über Montata, November 1746: Martino di Giorgio, Grubenarbeiter aus Brosso, unterwegs nach Alagna an Erschöpfung gestorben, zwei Freunde konnten sich retten … Ich bin Nazareno, doch sie nennen mich *Unbekannt*, im April 1768 hat Tauwetter meinen Leib freigegeben … Carlo Giovanni De Marchi, 1794 vom Schneedruck halbiert, begraben, neun Monate lang verschollen und dann …

Don Dario schluckte.

Der Wortführer hob wieder die Hand. In seinem Bart nistete Nässe, er deutete auf zwei schlaftrunken stehende Weiber:

Mit Verlaub, Hochwürden. Diese junge Frau heißt Alessandrina Evèque. Sandrina ist neben mir bei Ruselli unter eine Lawine gekommen, zehn Schritte von hier, achtzehnsiebzig im Februar. Ihr habt Clerino vor Euch, Clerino Giacomo, Soldat Kaiser Napoleons und erster Kustos des Ospizio Sottile. Die Alte dort hinten starb fünfzig Jahre früher zu Füßen ihres Mannes Giacobini, dem sämtliche Finger schwarz wurden im Schneesturm am Colle. Seht Ihr, wie beide vom Paradies träumen? Gebt uns Absolution!

Assoluzione, hallte es.

Dario Lenticchi lauschte in sich hinein. Herr, sagte er, Du prüfst mich mit dem Zweiten Gesicht. Was soll ich tun? Warum hast Du sie nicht bei Dir aufgenommen? Padre nel cielo: Bist Du ganz sicher, daß im Jenseits kein Winkel mehr frei ist?

Er hörte nun die Unglücklichen an. Ihre geringen Fehltritte breiteten alle zugleich vor ihm aus, ebenso furchtbar wie rührend klang der Chor und brachte den Priester schnell zur Vergebung. Dann bewir-

tete er seine vor Müdigkeit schwankenden Gäste, sah zu, daß alle Kinder gespeist wurden und ließ sich das Kleinste aus Peccia zeigen, einen blassen Säugling, dessen Mutter ihn wiegte.
Tut dies zu meinem Gedächtnis. Sie aßen und tranken.
Il Signore sia con voi, sagte der Pfarrer.
E con il Tuo spirito.
Da fluteten Wärme und Licht durch San Grato, Vögel begannen am Fenster zu picken, Wasser murmelte, Don Dario riß die Augen auf. Ihm war, als spüre er das Leben des Erlösers am eigenen Körper oder sei, einem Lazarus ähnlich, vom ewigen Schlaf befreit worden worden. Alleluia!
Mit erhobenen Armen verabschiedete er seine Gemeinde.
Unser Vater segne euch, der Sohn und der Heilige Geist.
Amen.
Dies war die Messe, gehet in Frieden.
Rendiamo grazie a Dio.
Es war ein schöner Gottesdienst, sagte Gina Gens vorm Ausgang zu Alda. Stark hat Don Dario für die Toten gebetet. Es hat ihn ordentlich Schweiß gekostet. So haben wir unseren Guten selten erlebt, cara mia, und es hätte mich nicht mal gewundert, wenn ein paar arme Seelen heute leibhaftig erschienen wären. Was meinst du?
Italo Carmellino verstaute rasch die Hostien, den Rebensaft, Schale und Kelch. Das Gepäck auf seinem Rücken wirkte wie ein doppelter Buckel, unter dem sich der kleine Mesner, nachdem er die Tür des Bethauses geschlossen hatte, in Richtung Peccia wandte. Nach wenigen Metern stutzte er, hob etwas auf und rief Ettore Bello herbei.
Schau, sagte Italo. Ein Schuhnagel.
Total abgenutzt, fand Ettore, könnte sehr alt sein...
Es donnerte fern. Überm Colle Valdobbia fransten graue Wolken.
Avanti! sagte Ettore Bello. Ein Sommergewitter.
Keine Sorge, lächelte Italo, das trifft uns nicht mehr.

Nur schwach religiös

Gina Gens sitzt am Tisch in der Wohnstube. Als Älteste unter acht Leuten nimmt sie sich auch gegenüber einer Autorität wie dem Pfarrer bestimmte Rechte heraus. Die Bäuerin sagt deshalb: Hochwürden müssen zugreifen. Es ist genug da! Erst wird gearbeitet und dann wird gegessen.

Don Dario nickt. So hat das, meint er, schon seinen Sinn. Vor ihm stehen Platten mit Grützwurst, fetter Salami, Ziegenkäse, Toma und kaltem Fleisch. Weiches Weißbrot gehört dazu, der Vino Rosso im Krug, eine Flasche Mineralwasser, Blechgabeln, schartige Messer und natürlich La Grappa, die zum Wohl aller Kehlen immer wieder erneuerte Schnapsrunde: alla salute.

Eure Hüfte? fragt kauend der geistliche Herr.

Bin schon froh, daß ich kriechen kann nach meiner Operation, antwortet Gina. Vom Haus bis zur Kirche hinauf hat's ja fürs erste gereicht. *Mer*... Madonna mia wollte ich sagen, wenn man an die eigene Jugend in Servej drüben denkt! Wie Gemsen sind wir damals geklettert.

Jaso, sagt der Pfarrer, Selveglio. Da wohnt heute keiner mehr.

Im Sommer doch. Vier oder fünf wenigstens. Aber schauen Sie, um Neunzehnhundert herum haben dort vierzig Personen gelebt. Drei Jahrzehnte später ist dann vieles zerstört worden, weil jemand zu Allerheiligen mit der Laterne Heu holen mußte; ich war sechzehn, seh' noch die Flammen in sieben Häusern und den Käse nach Janzo niederwärts lecken, eine goldene Zunge...

Ognissanti 1930, denke ich und höre Silvino, der gestern von Casa

Gaia erzählt hat. Dieser Weiler zwischen Cà Verno und Sant'Antonio ging 1892 zugrunde. Zwei Höfe brannten, dem gemeinsamen Namen treu bleibend, während einer *heiteren* Sommernacht ab. Trotz des Schocks konnten sich alle Bewohner retten, die Schwestern Giacomina, Giovanni Demarchi und Maria Carestia überlebten, doch das Heim war verloren gleich anderen vor- oder hinterher in Montata, Vescovo, Oro und Peccia, Rabernardo, Sul Sasso und Piacentino.
Ebbene, wiederholt Gina Gens, der Toma ist talwärts geflossen. Wie Karamell. Feuerwehr? Pah! Wer hätte an Allerheiligen löschen sollen, wenn unsere Brunnen vereist und die Eimer zu klein waren?

Der Priester trinkt aus. Er dankt für erwiesene Wohltaten.
Signora Gina grüßt lebhaft, ihr Sohn Pierino asthmatisch, dessen Frau Alda steif und Enkel Roberto Gens (Stupsnase, neunundzwanzig) wortlos. Bald darauf stapft Italo Carmellino durch hohe Wiesen. Don Dario folgt, Ettore Bello beschließt die Querung von Peccia nach Piane. Unterwegs treffen wir Giulio Vaira, Silvinos Halbbruder, einen jungen Hirten mit schadhaften Zähnen, der seit seiner Schulzeit nur Rinder hütet und das Sprechen fast schon verlernt hat.
Sta bene, Giulio?
Si, Signor Parrocco.
Ich hab' dich lange nicht mehr gesehen.
Mmmmh...
Allora, der Pfarrer kennt seine Kunden und behandelt Giulio ebenso freundlich wie Binza aus Piane di sopra, den keiner im Tal Albino Pollet nennt. Binzas Atem riecht nach starkem Stoff, er nimmt die Benediktion entgegen als etwas, das seit jeher vom Himmel kommt; man läßt es geschehen ohne zu murren, würde niemals dagegen halten und vielleicht dem Turiner Reisenden Emilio Pagliano recht geben, der 1907 schrieb:
Diese Leute hier sind redlich, genügsam, fleißig, ein bißchen mißtrauisch und nur schwach religiös.

Lasset uns beten, sagt Don Dario.
Italo hat hinter Peccia gelbe Blumen gepflückt. Er verharrt nun, Sträußchen und Kreuz präsentierend, wie ein Veteran beim Spielen der Nationalhymne.
Wir bitten Dich: Segne Albinos Wohnung, den Stall und die Scheune. Schenke Deine Gnade aber auch Feldern und Fluren, mache sie fruchtbar, bewahre alles vor Unheil. Du, großer Gott, bist unser Vater. Dich preisen wir in Ewigkeit.
Amen, antworten Carmellino und Bello.
Das Aspergill wird dreimal geschüttelt, bis Weihwasser aus dem silbernen Stab springt, so verlangt es der Ritus. Stall und Scheune indes sind leer, denn Binza hat Interessenten fürs Haus aufgetan und will heuer noch die letzten eigenen Kartoffeln ernten, weil er zwei Drittel des Jahres im Valsesia wirtschaftet und den Alltag fern jeder Straßenbar haßt.
Binza verteilt Gläser.
Génépy?
Wir trinken Likör, destilliert aus der Raute *Artemisia glacialis*. Nächsten Juni wird dieser 1645 errichtete Hof vielleicht nicht mehr gesegnet oder nur dann, wenn seine neuen Besitzer Wert darauf legen; für manche zählt Darios Akt zur Folklore, die man Stadtkindern zeigt und erklärt: So war es einst in den Bergen.
Nebenan schreckt unsere Prozession kleine Mistkratzer auf, drei Hunde sträuben ihr Fell, stahlblau gefiederte Tauben steigen mit klatschenden Flügeln.
Renzo, salute! ruft Don Dario. Er wirkt jetzt im Chorrock fast wie ein Schauspieler, das feine Rochett paßt plötzlich schlecht zur ärmlichen Welt von Piane di sopra, jenen Mann eingeschlossen, der kauernd Kartoffeln schält, bei unserer Ankunft wie schuldbewußt grinst und den Geistlichen (*salve*) willkommen heißt.
Ob Camilla da sei? Giovanni? Vilmo Negro?
Vilmo schläft.

Auch gut. Allmächtiger Gott, Du hast den Menschen berufen, daß er die Erde pflüge. Wir bitten Dich: Segne dieses Haus.
Renzo, nicht länger hockend, hört zu. Ihn umgibt ein Chaos aus Werkzeug, Draht, pickendem Federvieh, Brotresten, alten Jacken, Mützen, Stiefeln, Steinplatten, Kraxen ohne Gurte, verbeulten Dosen, Schmierfett, zerbrochenen Schlittenkufen, Brennholz und Schrott. Das Ganze macht freilich den Eindruck, als sei jedes noch so miserable Stück im Gebrauch.
Laß' alle Menschen teilhaben an den Gütern der Erde, betet Don Dario.
Wirbittendicherhöreuns.
Gewähre einträchtiges Zusammenwirken...
Wirbittendicherhöreuns.
Da! Mit einem Mal taucht hinter Renzo die Sonne auf, nein: Fensterglas spiegelt und drängt mich beiseite, bis mein Blick etwas im Türrahmen wahrnimmt. Vier Augen starren teilnahmslos, und allmählich wird mir bewußt, daß ich diesen Gesichtern schon einmal (wieviele Leben liegt das zurück) begegnet bin – dem mageren, Abläufe hackenden Giovanni Negro am Weg vor Peccia und der barschen Camilla mit ihren Spangen aus Horn zwischen Haarbüscheln. Beide gehören hierher.
Wer weiß, wann sich Giovannis Haus in Piane für mich öffnet?
Darum bitten wir heute durch Christus, unseren Herrn, endet der Pfarrer.
Amen, sagen Ettore Bello und Italo Carmellino. Sie schultern gutgelaunt ihre Rucksäcke, als gehe es jetzt vor dem Ziel einer schwierigen Bergfahrt nur noch ums Gipfelplateau.
Tatsächlich quert auch Dario Lenticchi wie befreit die von Zikaden, Grillen und Heuschrecken surrende Böschung oberhalb Piane di sotto. Wenig fehlte und er würde trotz aller Schwerkraft levitieren; ein schwarzer Vogel, der nach ruhigem Gleitflug im Netz dreier Späher namens Mario, Irma und Ada Jachetti landet. Sie haben den

Mittsommer. Klerikaler Dienstweg zwischen Peccia
und Le Piane. Vor dem Geistlichen im Rochett
der Mesner Italo Carmellino, hinter ihm Ettore Bello.
Über allen dreien die nach einem frühen gelehrten
Amtsbruder benannte Punta Carestia (Corno Rosso).

Pfarrherrn von San Michele di Riva längst schon gesehen und erwarten ihn, eines ums andere seine beringte Hand fassend, mit Respekt. Bitte... Don Dario...
Die Stube, in der wir jetzt stehen, überrascht durch ihre Sauberkeit. Rohe Dielen decken den Fußboden, ein gußeiserner Herd auf Stelzen, zum täglichen Kochen benutzt, dient zwei Kötern undefinierbarer Rasse als Stammplatz, von dem aus Fremde witternd getestet oder verbellt werden.
Alles in Ordnung, Irma? fragt der Pfarrer.
Nun ja, sagt die Bäuerin.
So ist es recht.
Ich schaue mir sie wie den älteren Bruder genau an, denn beider Interesse wird von meiner Person abgelenkt, weil Don Dario sich räuspert. Dieses Signal soll Unstetes sammeln, Trübes klären und Enges weiten für eine Begegnung mit dem großen, nie greifbaren Gast. Mit IHM, der alles verkörpert aber selbst körperlos bleibt, der die Wahrheit oft in Gleichnisse hüllt und studierte Propheten vom Jammertal reden läßt, um fürs Jenseits desto mehr Jünger zu sammeln.
Gott? Ach, Gott!
Seine irdische Herde jedenfalls leidet. Zwar jagt das Val Vogna die letzten im Tal geborenen Schafe nicht weg; sie bleiben hier, weil der Absprung schon lange zuvor versäumt worden ist, klaglos und fügsam. Was hilft ihnen da ihre Anhänglichkeit?
Seht unsere Vögel unter dem Himmel, spricht Dario Lenticchi, die weder säen noch ernten. Trotzdem ernährt sie euer himmlischer Vater. Kümmert euch also nicht um morgen, Fratelli e Sorelle, denn jeglicher Tag hat eigene Plagen.
Mario, Irma und Ada hören das Wort des Statthalters einer ihm übergeordneten Macht. Sie bleiben stumm. Rom ist weit, denke ich, kennt der Papst ihre Sorgen? Warum läßt er nicht im Auftrag des Vatikans gute Aktien *per i montanari piemontesi* verkaufen und garantiert

ein Leben in Würde statt feiler Optionen auf ewiges Glück irgendwo, irgendwann?
Aus Gottes Hand fällt kein Spatz, sichert indes Don Dario zu, nachdem er wieder geweihtes Wasser versprengt hat. *Der Herr liebt euch. Eines Tages werden alle es wissen.*
Irma Jachetti spürt meinen Blick. Sie ertappt mich, als ich im hellblau gestrichenen Raum rundum schaue, und schließt flink die Kammertür. Ihr schmaler Mund verrät Scham: Niemand soll weitersagen, daß sich Piane di sotto seinen Besuchern gegenüber entblößt.
Und was jetzt? Eine kleine Erfrischung?
Irrtum.
Die blonde Ada kaut Fingerkuppen, Mutter wie Onkel treten von einem Fuß auf den anderen. Man will Falsches umgehen, bietet deshalb nichts an und meidet, was kränken oder gar Schaden herbeiführen könnte.
Seid nochmals gesegnet. Ciao miteinander!
Arrivederla, Reverendo.

Vorm Haus des Eugenio Lazier aus Cà Piacentino endet Don Darios Tour. Der Mann fängt uns ab, steht gebückt, sieht den Pfarrer zunächst seines Amtes walten und beginnt sich dann Wort für Wort mitzuteilen.
Da taut nun Erlebtes oder Erlittenes auf, als habe jemand seit Jahrzehnten eine passende Stunde erwartet und wolle endlich das alte Eis brechen: Prussia orientale, Ostpreußen, die Stadt *Danzica* am Baltischen Meer, Wirren des Weltkriegs mit Rauch und Ruinen.
Ihr kommt von dort, wo ich jung war?
Nein.
In diesem Moment tönen ferne Klänge durchs Tal, wie sie wohl manche Menschen aus einem heil gebliebenen Glockenstuhl heraus vernommen haben Mitte Mai fünfundvierzig, als keiner mehr schoß,

schießen mußte, auch Lazier nicht, Soldat oder Zwangsarbeiter damals zwischen Haff und Danziger Bucht. Was weiß ich?
Eugenio schweigt. Aber der Mesner Italo Carmellino nimmt mich am Arm: Giorgio, Signore. La Transumanza. Bald erreichen sie mit ihren Tieren den Bach.

Leute von drüben

Die aus Biella gelten im Tal als herrisch und laut. Sie haben seit jeher ihre Schafe über drei südliche Jöcher getrieben, auf Maccagno gesömmert und dort etwas hinterlassen, das rundum zu den ältesten bekannten Gravuren zählt: Sella, 1583.
Dieser Name klingt nach wie vor gut zwischen Turin und Aosta, weshalb späte Nachkommen gern zur Alpe Maccagno pilgern, gründete doch der piemontesische Finanzminister Quintino Sella 1863 den Club Alpino Italiano und erzielte Vittorio Sella, ein kletternder Fotograf, 1909 am Chogolisa im Karakorum mit knapp 7500 Meter Höhe einen damals sensationellen Rekord. Seine Bergbilder werden noch immer bewundert.
Giorgio Narchialli also ist *bielleso*, zweifellos nicht ohne Stolz, was manche Valvogneser hinter vorgehaltener Hand für heikel halten. Gressoney? Kein Problem, sage ich dir. Biella hingegen ...
Vom Lystal her sind im 18. Jahrhundert viele Familien zugewandert: die Favro, Gens, Bechaz, Lazier oder Brusson, auf deren Heimat heute bitter geblickt wird, denn in der Autonomen Region Val d'Aosta fließen vergleichsweise Honig und Milch, östlich davon aber lutscht man Daumen.

Ich habe Giorgio kürzlich besucht in seinem Haus am Ortsrand von Riva. Er saß da mit rotem Gesicht und laut lachend, ein Rauhbein Mitte vierzig, agil, dominant, die heisere Stimme erteilte Kommandos und schien Antworten zu ignorieren. Narchiallis vollbusige Frau

Lidia tischte Kuchen auf. Sie fing Fliegen, füllte Gläser und fuhr ihrem Partner je nach Bedarf an den Karren, schrill alle Nothelfer anrufend, wenn Giorgio keinen Punkt fand.
Bella figura, lobte Lidia, nachdem ihr ein kleines Präsent verehrt worden war (Drehung zum Partner: siehst du? für mich) und protestierte geschmeichelt, weil ich trotz oder gar wegen der Anwesenheit ihres Mannes feststellte, sie sei attraktiv.
Deutsche Frauen, mammamia, widersprach Giorgio und bekräftigte: Herrlich. Bellissime! Mir wiederum mußte allein schon dem Takt zuliebe entschlüpfen: Italienerinnen sind schöner...
So, dies stand fest, kamen wir beide nicht weiter, zumal ich als Balz- oder Kampfhahn keine Erfahrung vorweisen konnte. Lidia indes eilte augenklimpernd zu Hilfe.
Du begleitest uns bis Fornaj? Zur Alm?
Doch, nickte ich. Wenn ihr sagt, wann es losgeht und Sant'Antonio pünktlich passiert.
Der ist nicht bei Trost! schrie Giorgio. Nur Deutschen kann sowas einfallen. Pünktlich! Dann brach er ab, schloß seine Finger wie eine Handschelle um meinen Arm und fragte friedfertig: Was willst du wissen?

Während die Karawane sich Schritt für Schritt nähert, lehne ich über der Vogna an einem Brückengeländer und ziehe im Vorgriff Bilanz. *Andante.*
60 Tiere werden heute nach Fornale di mezzo dirigiert: 35 Milchkühe, 15 Rinder, zehn Kälber. Außerdem sechs Gäule samt einem Fohlen. Je 30 Schafe, Ziegen und mehrere Schweine wurden zuvor bereits bergwärts geschafft; kein purer Spaß, denn vor allem Ferkel wittern bei jeder Irritation den Weltuntergang.
Wo bloß Giorgio bleibt?
Da, schwer und plump, schwanken massige Leiber im Crescendo der

Glocken heran. Die Musik hat begonnen, aber es muß sich noch zeigen, ob ich Publikum bin oder mitwirke und was hier zur Aufführung kommt.

Ritardando.

Nickend trotten Narchiallis Pferde über den Steg, zwei falbe Haflinger bilden Anfang und Schluß, beiderseits ihrer Kruppen hängen Körbe, deren Inhalt in Todesfurcht krampft: sehr junge Stiere, vielleicht erst vor zwei bis drei Wochen geworfen, die beim direkten Queren des Flusses weder Mut noch Besonnenheit einsetzen können und deshalb verschnürt sind wie braune Bündel.

Presto!

Ich haste hinter einem älteren Mann durch nasses Kraut und kann kaum sein Tempo halten. Felice Fanetti aus Riva, Cousin meines Freundes Ennio, dürfte als Vize von Bürgermeister Giovanni Severina keine Figur glatter Parkettböden sein, sondern in des Wortes bester Bedeutung jemand fürs Grobe. Die schiere Praxis, das Tun ohne Worte, gibt ihm wie anderen Sicherheit, und so springt er nun am östlichen Ufer von Block zu Block auf der Suche nach einer Furt.

Fermate.

Das Wasser brodelt. Es dämpft alle Schreie, die Verständigung mit Giorgio drüben (da ist er ja: ciao) reduziert sich auf Gesten. Eine vage Unruhe wächst, Spannung wird fühlbar und dringt vom Letzten der Herde bis zum halb schon getauchten Leittier, dessen langer Hals äußerste Wachsamkeit signalisiert. Mittlerweile riechen ein paar Kälber den Braten. Rückwärts wollen sie ausscheren, keuchend und kopflos, verstört, aber oben am Hang hageln Hiebe. Dort ist kein Durchkommen mehr.

Vitti-vitti! rufen die Treiber.

Lidia, ihren Rucksack abwerfend, tanzt jetzt neben mir, eine Mischung aus Kobold und Furie, ihr zur Seite Fanetti, der seine Hände als Trichter benutzt. Er brüllt. Vier oder fünf Stimmen antworten diesseits wie jenseits des Torrente Vogna; sie locken und wer-

ben, bitten und fordern, beschwören fette Hochweiden, gestikulieren, stoßen Schmährufe aus.
Vitti! Vitti! Porca miseria...
Presto.
Das Pastorale hat längst einem Potpourri Platz gemacht. Die älteste Kuh tastet sich mitten im eiskalten Strudel voran, sondiert und probiert, knickt ein, schnauft, prustet, spürt wieder Boden unter den Hufen, gewinnt Land und knabbert sofort am ersten erreichbaren Gras. Ihr folgen mechanisch noch weitere Tiere (ich zähle zehn), dann reißt die Kette.
Hoj... Hojoooj... Vitti-vitti...
Verflixte Vitelli! Zwei Färsen bocken urplötzlich, ihre Schwänze steil, gelben Rotz vor den Mäulern. Nervosität knistert. Der Funke springt über, Giorgio Narchialli und seine Leute explodieren.
Forte. Fortissimo.
Sie dreschen und trommeln, hämmern und hauen mit armdicken Knuten auf die ver-dammten, ver-wünschten, drei-mal ver-fluch-ten Drecksbiester ein. Auf dieses blöde, sture, störrische Fleisch, das derart viel Kraft kostet und (Santa Madre di Dio) keinen geringen Wert hat.
Gut anderthalb Millionen Lire je Kalb.
Was, wenn eines zuletzt im Vognabett faulte? Schleimig, gedunsen, von Fliegen umschwirrt?
Avanti. Avanti!

Endlich ist alles vorbei. Die Kakophonie verpufft, das Stakkato der Stockschläge legt sich, Kühe und Rinder weiden wieder gelassen. Sie trotten gegen Fornale, als wüßte jedes von ihnen ums heutige Ziel und habe nie turbulente Szenen erlebt. Leises Rupfen verrät Appetit, Glocken pendeln, manchmal muht warm eine Bauchstimme.
Decrescendo.

Der heikelste Part eines Almauftriebs. Wie schafft man 60 Stück Vieh, unter ihnen zehn verstörte Kälber, durch den Torrente Vogna? Da kommt es buchstäblich knüppeldick, denn Giorgio Narchialli riskiert viele Millionen Lire und ... seinen guten Ruf.

Giorgio wischt den Schweiß vom Gesicht. Er atmet flach, seine Brust hebt sich und fällt, aber Freunde: das sind ja nur Nachwehen, rollende Dünung oder kleine schaumige Wogen – der Sturm kann nichts mehr ausrichten.
He, Narchialli, da fehlt ein Pferd!
Impossibile. Germano? Vieni qua. Subito!
Die aus Biella gelten im Tal als herrisch und laut. Herrisch? Ich muß mich verbessern, denn das nächste Unwetter läßt Pech und Schwefel erwarten. Donnergott Giorgio holt Luft, Germano flüchtet. Wir stehen betroffen, niemand spricht für den Sohn, weder Lidia noch Felice oder gar Attilio Ghisio, ein alter Bergler mit dünnen Lippen, bis es irgendwann wiehert und schnaubt.
Nein! ruft näherkommend der Delinquent.
Vor wenigen Jahren noch wäre er gnadenlos weichgeklopft worden. Hatauchmirnichtgeschadet, hätte Giorgio aufs Rezept des eigenen Vaters angespielt, das Konsequenz und Klarheit verlangte. Klein halten, sagte der Nonno. Stutzen, damit sie ihren Saft in den Wurzeln behalten.
Hört, präsentiert sich die oberste Machtinstanz, schaut her, wer hier regiert. Und er schlägt Germano mit Worten zusammen:
Du Hammel, Idiot! Zu schwach und zu dumm, ein Roß an der Leine zu führen! Wie? Geh' doch heim, leg' dich schlafen! Porco cane, Madonna, welcher Satan war mit mir und deiner armen Mutter im Bett, als wir dich gezeugt haben! Weißt du, was solch ein Gaul frißt? Wieviel Geld, wieviel Schweiß, wieviel Zeit?
Papa –
Verschwinde, Cretino. Hau ab! Keinen Ton mehr. Das nächste Mal bring' ich dich um!
Der Junge schluckt. Scham, Wut, Ohnmacht und Angst heißen ihn fügsam bleiben, sein Stolz ist beschädigt, fünf wahre Männer wie er werden darüber reden im Tal oder es sonstwohin tragen, gewiß, wie also kann je ein Prinzipal aus ihm werden? Einer wie Giorgio Nar-

chialli aus Trivero bei Biella, dessen Muskeln und Reichtümer sprichwörtlich sind?
Germano fühlt das Kinn wackeln und verbeißt tapfer die Tränen. Trost? Impossibile. Den lehnt er ab. Mögen andere heulen.
Ins Schweigen hinein sagt nun Attilio: So.
Das ist schon etwas, wenn man weiß, daß sich Ghisio tagelang gut fühlt, ohne nur ein einziges Wort zu verlieren. Ihn schreckt so leicht keine Stille, wohl aber kann er Geschwätz nicht ertragen, und deshalb winkt er wortlos den Treibern. Gemeinsam beginnen sie die Jungtiere aus ihren Behältern zu heben, Läufe zu lockern, Stricke um Hälse zu schlingen, den gesamten Zug neu zu formieren und ihn juchzend weiter zu lenken.
Hoooj! Hoooj!
Der Knoten hat sich gelöst.

Nach langem Anstieg, immer wieder wegen unserer schwerbepackten Gäule pausierend, sehen wir Fornale di mezzo, ein über vier Mauern gezogenes Dach, das die Kolonne mittags erreicht. Wie beim Löschen von Schiffsgut am Kai werden den Tieren Standplätze zugewiesen, werden Säcke gestemmt, Ballen verräumt, Kisten entladen und Taue gerollt.
In fast finsterer Hütte stehen wir dann vorm prasselnden Holzfeuer. Schnapsflaschen kreisen. Eine Frau mit knochigem Körper, die uns zwischen dem Fluß und Fornale di sotto überholt hat, fängt zu werkeln an. Zwei Gasbrenner wummern, bald duftet der Raum nach Minestra, Pasta asciutta, Kaninchen.
Hüfte an Hüfte hockend entwickelt sich schnell familiäre Aufgeräumtheit. Es werden Witze erzählt oder Legenden (denk' mal daran, neunundsiebzig, als hier im Juni noch meterhoch Schnee lag), manche Männer löffeln ergeben und kauen stumm, andere wachen nach drei oder vier Bechern Wein auf und bekommen glänzende Augen,

wahren jedoch die Distanz und mustern mich höchstens nur, wenn sie glauben, ich merkte es nicht.
Der große Giorgio Narchialli aber sitzt neben Germano: kein General mehr, kein Häuptling. Seine Lider sind schwer, und da wird erst klar, wie müde er ist. Wie hohl und verbraucht.
Giorgio?
Ah, du. Tedesc'. Wenn ich dir sage... Es reicht mir. Allein vierzig Stunden lang mit diesen närrischen Ziegen, den Schafen. Von Piode Sesia nach Fornaj. Dann herunter und wieder hinauf. Maledetto! Laßt mich endlich in Ruhe.
Ich habe kapiert.

Dem Himmelreich näher

Früh bin ich wach übers Jahr, die Tage sind kurz im September. Meine Schritte hallen laut zwischen Locanda und Kirche. Kein gescheiter Mensch macht sich ohne Kaffee auf die Socken, doch wenn ein Ziel von der ersten Minute an sichtbar ist und zugleich endlos fern, wenn Sterne blinken und du weißt, daß es bei deiner Rückkehr wieder genau so sein wird, dann kann maßvolle Eile nichts Falsches bedeuten.

Ich will heute den Rosso packen. Wirklich? Nein. *Mich* hat er gepackt, seit langem; etwas kam mir näher als jenen Leuten, die zur Ferienzeit unter Vairas Sonnenschirm Eis essen und nebenbei fragen, ob denn der Berg dort am Talschluß auch einen Namen habe. Ach ja? Corno Rosso oder Punta... Wie? Carestia? Toll, diese Flanken. Aber weit weg. Und steil! Noch eine Portion bitte.

Er werde selten bestiegen, sagt Silvino. Tausendsechshundert Höhenmeter kämen zusammen von Sant'Antonio bis zum Gipfel, ziemlich mürbe sei das Gestein, doch wiege die Sicht alle Anstrengung auf, einfach *splendido*.

Mein heller Pfad bietet sich im Dunkel als Leitlinie an. Ich steige zügig, um möglichst bald hinter San Grato wählen zu können: direkt vom Nordostfuß aus weglos zur Spitze oder am Ospizio Sottile vorbei und die valdostanische Westseite querend.

Entscheiden muß schließlich der Kalender. Heute ist Samstag, während eines Herbstwochenendes mag das Hospiz noch bewartet sein. Sie haben nach zwei Sommern Vakanz angeblich jemanden aus Riva als Kustos verpflichtet; gern würde ich den Bau von innen sehen, um mir ein Bild davon zu machen, wie Giacomo Clerino vor hundertfünfzig Jahren am Colle Valdobbia gelebt hat, meist allein und nur mit dem Feuer redend.

Neumond. Finsternis ist eine freundliche Umschreibung dessen, was mich mehr stolpern als stapfen läßt. Ich ahne drei Giebel des Weilers Montata. Am Waldrand, im Zwielicht, die Kapelle Madonna del Lancone unter Steinschindeln und dann eine Mulattiera; sie gibt Trittspuren nach Larecchio ab, wo Osvaldo Carmellino wirtschaftet. Auch seine Saison geht dem Ende entgegen, vielleicht stehen er und Flavia längst zum Abtrieb der Kühe bereit, Mitte September denken Bergler an Schnee.

Mein Atem wölkt. Wie kalt es ist...

Auf dem Piano del Celletto liegt ein Hauch frühen Winters, die Sonne lugt hinter Wolken hervor. Gras glänzt, als sei Sternenstaub nachts zu Boden geflimmert und werde am Tag als Reif wiedergeboren. Der Wind geht sanft über Eisblumen und läßt sie zittern in Erwartung des Morgens, der sich, außer im Osten, mit purer Bläue ankündigt.

Rostrote Kreuze, von Almrausch umwuchert, zwingen mich zur Reminiszenz. Maddalena Erba und Pietro Lobbietto plus Caterina Miretta sind hier vor zweihundertfünfzig Jahren im Triebschnee erfroren und waren vermißt, doch das ist nicht alles, denn hier am Celletto wurde einst ernsthaft gezündelt.

Sommer 1636: Um die Markgrafschaft Monferrato kämpften zwei Bündnisse – Frankreich, Parma und Mantua einerseits sowie Spanien, Österreich und Modena auf der anderen Seite. Das Sesiatal sollte für erstere kassiert werden, weshalb Graf Parella d'Aosta in savoyardischen Diensten von Gressoney her angriff. Seine Truppe drang jen-

seits des Col d'Olen bis Alagna vor, machte zwei Gefangene und verursachte damit einen Erdrutsch.
Binnen weniger Tage standen alle Valsesiani vom Kind bis zum Greis unter Waffen. Heimat oder Tod!
Mailand schickte vier trentinische Kompanien, die Alpe Olter über Alagna wurde besetzt und der Colle Valdobbia, auch weit südöstlich, am Passo del Maccagno, lagen Milizen. Noch krachte kein Schuß, als ein gewisser Hauptmann Baldi vom Valdobbia aus Gressoney-Saint-Jean heimsuchte, um im Handstreich hundert Rinder zu stehlen, worauf wütende Valdostaner den nicht verteidigten Nachbarpaß Valdobbiola nahmen und die Valsesiani ihre Frontlinie mit Larecchio tauschten.
Dort wartete man. Der August roch nach Blei.
Ein auf Celletto glimpflich verlaufenes Scharmützel bedenkend, gingen diverse Strategen mit sich zu Rate. Was mehr hätte fordern können, blieb nur Vorspiel, operettenhaft bunt, die Ouvertüre stellte offenbar beide Parteien zufrieden und zeigte zugleich dem Herzog von Savoyen, daß das Sesiatal keine leichte Beute sein würde.
Es kam also zu Gesprächen am Colle Valdobbia. Zweifellos wurden dort nicht nur Artigkeiten gedrechselt und dennoch, von der jeweils reinen eigenen Lehre nach wie vor überzeugt, verständigten sich die Signori San Martino, Graf Parella und Baron d'Arnaldo (Aosta) mit Pietro Fassola, Giorgio d'Adda, Pietro Chiarini, Filippo Preti und Clemente Giacobino (Sesia), bevor Blut hatte fließen können. Der große französisch-spanische Krieg freilich dauerte an bis zum Pyrenäenfrieden von 1659.
Achttausendvierhundert Tage.

Ich wandere weiter, das Joch jetzt im Blickfeld. Am Ospizio Sottile leckt Licht. Fenster glühen, etwas kondensiert aus dem Nichts heraus und löst sich dann wieder auf. Sind es nur Morgennebel der Piana

Grande, die mich narren, oder wird mein alter Wunsch Realität, für Momente mit dem heutigen Wissen das Gestern zu schauen? Ihnen allen, zahllosen Wanderern vieler Jahrhunderte zwischen Heim und Exil, ist ein früher mannshoch stehendes Holzkreuz unterm Paß gewidmet, dessen Reste nun modern.
Als der Zürcher Universalgelehrte Hans Conrad Escher 1797 den Colle überschritt, notierte er später, er habe hier *auf der Höhe dieser Scheidecke ... zum Schutz gegen Ungewitter ein kleines Gebäude* (gefunden)*: Eine solche auch noch so schwache Vorsorge für den Rufenden ist schon durch den guten Eindruck, den sie macht, beglückend.*
Escher schrieb damals nicht, daß Gian Giuseppe Liscotz aus Gressoney und Giovanni Gianoli aus Riva zehn Jahre zuvor den Bau eines Stalls und einer Kapelle angeregt hatten. Wiederum zwei Jahrzehnte früher, 1767, waren auf vier Scharten weithin sichtbare Grenzsteine errichtet worden: Dokumente des bis in unsere interplanetare Gegenwart hinein gültigen Arrangements zwischen Aosta- und Sesiatal.

Salve! So bald?
Ein junger Typ mit Locken reicht mir die Hand: Marco Antoninetti. Bin hier der Hüttenwart.
Er führt mich ohne Zögern durchs Haus, zeigt es mir vom Keller (wo im gewachsenen Grund eine Eisschicht verderbliche Vorräte deckt) bis zum Dach, öffnet knarrende Türen, schließt Schlagläden, damit kein Wind daran reißt, wehrt ein Kompliment betreffs Sauberkeit ab, schiebt zwei Hocker vor den Küchenherd und erzählt.
Ja, Nicolao Sottile hat dieses Rifugio bauen lassen. 1823 wurde es eröffnet, mit 2480 Meter Seehöhe gab es noch vor kurzem kein Hospiz in Europa, das dem Himmelreich näher war.
Vor kurzem?
Weil die Gemeinde Riva den Kasten gekauft habe, eine Bruchbude, neun mal zwölf Meter groß, Mutter Kirche ließ ihren Besitz verkom-

Das Hospitz am Colle Valdobbia (2480 m) war bis vor wenigen Jahren die höchstgelegene kirchliche Herberge in den Alpen. Ihr Bau, 1823, wurde durch den Kanonikus Nicolao Sottile energisch gefordert und auch bezahlt – ein Beispiel der Nächstenliebe.

men. Clerino, der erste Hüttenwart? Natürlich kenne er Giacomos Namen. Dem Alten würden trotz Frau und acht Kindern mönchische Tugenden nachgesagt; dieser Mann müsse ein Querkopf gewesen sein, aber standhaft und treu.
Ganze Winter allein. Stell' dir vor! Hielten *wir* das aus?
1837 am Heiligen Abend, meint Marco, habe der Kustos mehrere Reisende geführt und später den Weg verloren. Stundenlang sei er dann weitergekrochen in Nacht und Sturm, sich durch meterhohen Schnee wühlend, um gegen Morgen die eigene Wiedergeburt zu erleben, den warmen Kamin und ein gierig geleertes Weinglas voll Alkohol. So könne man alles nachlesen unterm Motto *Unglaubliche Weihnacht.* Clerino habe nämlich Memoiren verfaßt.
Wo wir sitzen, fügt Marco hinzu, ist es okay. Aber in den Schlafräumen hat Giacomo manchmal minus zehn Grad gemessen.
Ciao Antoninetti, sage ich fröstelnd.

Auch jetzt, auf dem Vorplatz des Ospizio Sottile, bläst kalte Luft vom Lystal her. Unmittelbar hinterm Paß zweigt eine schwach bezeichnete Trasse in Richtung Süden. Sie verliert sich. Mir bleibt kaum Muße, die klare Schau übers Land zu bewundern. Ich werde, soll der Tag nicht zweifelhaft enden, kleine Steinmale setzen müssen, um meinen Rückweg zu finden.
Seltsam... Seltsam, wie uferlos einer schwimmt ohne Begleitung! Du hörst nur deinen Tritt, keiner redet, jeder Monolog würde nur die Einsamkeit intensivieren. Du kannst nicht neben dir Maß nehmen: Steigst du gemächlich? Oder zu schnell? Hast du Reserven? Niemand antwortet.
Vieles an dieser Seite des Corno Rosso sieht weniger steil aus als drüben; hier verebbt eine von Norden brandende Welle, der Kamm zwischen Aosta- und Sesiatal trennt mehr als nur Wasser. Wenn es denn Wechselwirkungen gibt, sind die Menschen im Val Vogna weich

modelliert vor schroffer Kulisse und jene diesseits des Dobbia hart, um dem Milden etwas entgegenzuhalten.
Von oben gesehen ist mir alles so oder so recht. Ich raste am höchsten Punkt des Rosso, der Punta Carestia, lasse mein Hemd trocknen und bin zufrieden.
Das Tal liegt nun unter sengender Sonne. Früh leuchten heuer einzelne Lärchen im Fichtenwald, da und dort glimmen schon gelbe Brandnester; der Herbst kommt von oben, er meldet sich an mit verzuckerten Gipfeln. Wann streift seine Hand erste Wiesen bei Peccia, Le Piane oder Cambiaveto? Wieviele Tage noch, bis die grünen Seeaugen Plaida, Balma, Cortese und Tillio blind werden?
Welcher Rundblick: Corno Bianco, Monte Rosa, Lyskamm, Matterhorn, Gran Paradiso, Grivola, Grand Combin und fern gegen Westen der weiße Hut des Montblanc. Dieses Bild im Gedächtnis verankernd kehre ich um, klettere vorsichtig ab, quere Blockwüsten und stehe Stunden später vor dem Hospiz.
Antoninetti?
Das Tor ist geschlossen. An grauer Fassade hängt die Glocke, sie muß keinem Paßgänger läuten. Ich sehe den Grenzstein von 1767, erkenne Zahlen und gemeißelte Kreuze sowie *G* für Gressoney und *VS* für Valsesia.
Hinterm Haus stottert ein Brunnen. Adieu, Ospizio.

Der lange Heimweg nach Sant'Antonio läßt nochmals Geschichte aufleben. Meine Phantasie findet vierhundert Infanteristen des kaiserlich-österreichischen Heeres, denen Napoleons Armee vom Großen Sankt Bernhard her Beine macht; die Austriaci unter Victor Rohan ziehen sich im Gewaltmarsch zurück. Ihnen folgen 2561 französische Soldaten mit fünfzig Pferden, kommandiert von Giuseppe Lechi. Der Divisionsgeneral aus Brescia gilt einem Zeitzeugen als *gebildet, liebenswürdig und rechtschaffen*. Ihm schwant vielleicht schon,

daß Bonapartes Heer demnächst bei Alessandria über Italiens Schicksal entscheidet, der sogenannte Zweite Koalitionskrieg wird damit so gut wie vorbei sein.
Was aber passiert am 27. Mai 1800 im Vallone di Valdobbia?
Puderfein schneit es. Die Stiefelabdrücke der Österreicher sind noch nicht ganz verfüllt. Vor Montà bläst man zum Sammeln, dort gibt es zwei Gasthäuser, deren erschrockene Wirtsleute Maria Carestia und Giacomo Morca schnell je zwanzig Brote backen: vierzig von 303 Fladen im Vognatal, ein wahrer Raubzug, aber für zweieinhalbtausend Männer nahezu nichts.

Donnergetöse.
Lechis Kanonen?
Herein, ruft jemand. Venga!
Dicke Tropfen beginnen zu fallen. Sie platzen auf betoniertem Grund vor einer Altane und lassen mich, den müden Träumer, erwachen.
Gewitter? Montata? Ich bin geborgen.

Pachmayr wandert

Der Fremde kam abends. Keiner hatte ihn gehört, niemand seine Ankunft bemerkt, er stand plötzlich vorm Brunnen. Es dämmerte. Die Häuser von Montata lagen wie Tiere am Hang. Aus Kaminen quoll Rauch, scharf riechende Schwaden, die ein Fallwind zu Boden preßte.

Vom raschen Steigen erwärmt, nahm der Mann zwei Schluck Wasser und verzog den Mund. Im gleichen Moment sah ihn Rita. Sie hätte, wäre das Gegenüber zuvor als kleiner bewegter Talstrich durchs Fenster erkannt worden, nicht unbedingt jetzt ihre Deckung verlassen, um sich mit Besen und Schaufel stallwärts zu trollen.

Rita Vicario war siebzehn, konnte jedoch für älter gelten, denn energische Lippen und ein betont forscher Gang machten die zum Erwachsensein nötigen Jahre wett. Gleichwohl spürte sie Wärme zwischen Nacken und Stirn, weil der Blick des Fremden interessiert auf ihr ruhte.

Damals, 1920, schlief das Val Vogna nach einer bescheidenen Phase der Prosperität. Zwar versuchte man noch in Cà di Janzo den Albergo Alpina weiterzuführen, aber gute Gäste blieben seit Italiens Krieg gegen Österreich-Ungarn aus. Fünf oder sechs Jahre Stillstand peinigten Giovanni Favro; die anderen Leute im Tal hatten zuvor, außer Münzgeld fürs Schleppen von Koffern, ohnehin nichts vom Tourismus gehabt.

Der Wanderer also fixierte das schlank am Türrahmen lehnende Mädchen. Gemse, dachte er. Kurzes Haar, braune Augen.
Doktor Josef Pachmayr war ledig, jugendbewegt trotz weißer Schläfen und liebte Italien diverser historischer Glanzlichter wegen von Cicero bis Scarlatti. Er hatte sich jüngst zu einer langen Fußreise entschlossen. Der Anwalt aus Baden bei Wien wollte neu erleben, was ihm neben Rom oder Neapel unverzichtbar schien: die südlichen Berge. Denn dort, sagte Pachmayr, sei er ja wohl in Wahrheit geboren worden – zwischen Isonzo und Piave.
Rita verharrte noch immer.
Jener am Brunnen war kurios kostümiert. Er trug hohe Stiefel mit Eisen, gelbe Knielederhosen, Weste, Schal und eine Jacke aus rotblau kariertem Cheviot. Wollene Wickelgamaschen wärmten die Waden, der weiche Filzhut samt Feder (vom Spielhahn) fehlte ebensowenig wie Alpenstock, Seil, Schneebrille und ein großer Rucksack des Wiener Sporthauses Kauba.
Noch weit bis Hospiz? fragte der Mann.
Viel nah, antwortete Rita Vicario.
Sie hatte begriffen, daß dem Fremden die heimische Rede schwerfiel und fügte hinzu: Aber nun schon bald finster! Dann Weg fort. Sehr schlecht.
Hier bleiben?
Ich, deutete Rita auf sich selbst, bin Besuch von anderem Dorf Piacentin'. Nachbar ist Chef. Gens Nicodemo. Frau heißt Clara.
Capito.
Kommen herein?
Josef Vinzenz Pachmayr nickte. Es würde wohl nicht zu arg werden. Rast am Herd und Ruhe im Stroh – so konnte eine Nacht leidlich verlaufen. Man war Schlimmeres gewöhnt, zum Beispiel die enge Eiskaverne am Ortler, wo seinem Freund Fischl im Krieg nach vier Februartagen während furchtbarer Kälte alle zehn Zehen ... Und wie der krakeelt hatte, als sie ihm ohne Betäubung ...

Aus touristischen Kindertagen: Favros ›Albergo Alpina‹ in Cà di Janzo. Dort aß und schlief 1898 Königin Margherita von Savoyen, deren Begeisterung für sogenannte schlichte Landleute sprichwörtlich war. Auch als Bergsteigerin ist sie bekannt geworden.

Er schüttelte sich. *Wiara Sau.*
Das Mädchen reagierte sofort: Kalt heute. November. Ospizio vielleicht kein Wirt, sagt Signor Gens, geht manchmal heim zu Familie. Dann Problem für Straniero, tz-tz-tz.
Mittlerweile standen Rita Vicario und ihr Klient vor einem sehr alten Holzhaus, dem einzigen von Montata hinter zwei offenbar später erbauten Höfen. Im letzten Licht sah Pachmayr schwarzes Gebälk aus Schuttkegeln ragen, und er hielt es für seltsam, daß ihm solches erst jetzt bewußt wurde. Etwas schien gebrannt, nein: gewütet zu haben; ein Feuersturm, dessen Spur bisher keine ordnende Hand verwischt hatte.
Der Anwalt wunderte sich. Wann war das passiert?

Sie fanden Nicodemo Gens, einen massiven Enddreißiger, in der Wohnstube samt Weib und Kindern am Tisch. Die Eltern schälten Kartoffeln, deren vom Topf zur Decke steigender Dampf schwüle Luft und Beklemmung erzeugte. Blonde Zwillingsbuben schabten Quark aus Holznäpfen, zwei kleinere Gören schmierten Undefinierbares um offene Mäuler, wahrscheinlich Haferschleim, dachte Josef Vinzenz und mochte nicht mit ihnen tauschen.
Sera, sagte der Bauer. Seine Frau hob den Kopf. Sie wartete wortlos, das Weitere würde geschehen. Beider Schatten warf eine Petroleumfunzel gegen die Rückwand des Raums.
Ob man eintreten dürfe?
Gewiß.
Er sei...
Keiner von uns, grinste Gens. Colle Valdobbia – vero? Da müßt Ihr rennen ohne Begleiter. Sind schon ganz andere erfroren oder im Kreis gekrochen. Eine Viertelstunde, Maestro, und Ihr erkennt draußen nichts mehr.
Die Nacht?

Was sonst. Aber geht nur, lauft weiter, Ihr habt ja (er sah Pachmayrs Rucksack, unter dem eine Laterne aus Leichtmetall hing) das Beste dabei. Kerzen!
Laß deinen Spott, fuhr da überraschend Clara auf und wandte sich dann an den Doktor: Hört bitte nicht hin. Er meint es gut. Ihr seid sicher müde, wollt essen. Wenn Euch Käse zusagt und Brot? Saure Milch?
Pachmayr stimmte gern zu. Diese Naturmenschen waren einfach geblieben, redlich, solide. Kein Vergleich mit den nörgelnden Spießern jedweder Herkunft daheim, deren Händel allerdings seiner Kanzlei Tag für Tag nutzten. Sie war bei Gericht bekannt.
Während er noch sinnierte, erhob sich der Bauer.
Rita? Dein Onkel wartet auf dich.
Das Mädchen schloß schnell und von außen die Haustür, als habe es verbotenerweise gelauscht.
Dunque, murmelte Gens. Alsdann...
Indem er in Richtung Schrank ging (man weiß doch, was Brauch ist: zwei Gläser Schnaps), hörte Josef Pachmayr ein leises Schleifen und bemerkte, wie Demo sich beim Queren des Zimmers wiederholt auf Stuhllehnen stützte. Sofort nahm der Doctor juris sich vor, diesen neuen Fall zu recherchieren. *Als Privatsach', nedwoah.*
Kranker Fuß?
Nicodemo Gens saß wieder und winkte ab.
Unglück?
Baum oder Berg?
Die Deutschen. *Al-pen-koor.* Conosce l'Alpenkoor? Schrapnells im Jahr sechzehn am Col di Lana, den wir Bluthügel nennen. Soldaten haben hinterher mein halbes Bein amputiert und durch Esche ersetzt. Ihr seid nicht – ?
Nein. Mit dem Korps hatte ich nie was zu tun, Signore, rein gar nichts, aber woher denn! Ich komme aus Österreich. *Tu felix austria.* Wien an der Donau: Herrliche Stadt.

Vienna, sagte Demo. Verstehe. Natürlich hab' ich verstanden! Ein Austriaco in meinem Haus.
Zwischen Nase und Haaransatz perlte Schweiß. Der Bauer schnaufte. Quellende Augen erinnerten an etwas Starres im Würgegriff, das Kraft zur Gegenwehr sammelt.
Pachmayr antwortete nicht. Er ließ unberührt stehen, was serviert worden war, mit seinen Blicken nun Demos Frau folgend, die stumm zwei Eimer aufnahm und, ihre vier Kinder voraus, den Schauplatz verlassen wollte. Je weniger Zeugen, desto besser, dachte Josef Vinzenz und sah wie von fern einen Mann am Tisch unbekannter Gastgeber hocken. Warum zögerte der zu fliehen? Hau' doch ab! Schnell, du Idiot!
Clara?
Sie wußte alles.
Schließ' die Tür.
Ein Schlüssel wurde gedreht. Nicodemo schlurfte zur Feuerstelle. Er suchte umständlich und kam dann wieder, beide Arme hinterm Rücken verschränkt.
Der Bauer: Ich fordere…
Die Frau: Muttergottes. *Avemariagraziaplena…*
…Auskunft! fuhr Demo hitziger fort, denn du hast sechs Freunde erschlagen. Guido, Carlo, Giuseppe, Bruno, Emilio und Andrea sind am Monte Sief geblieben, nicht weit vom Lana entfernt. Calvario del Cadore! Col di Sangue. Blut gegen Blut.
Vor ihm lag ein Messer.
Was soll ich getan haben? flüsterte Pachmayr.
In der Stube knackte es, und er meinte, das Haus müsse bersten. Trostlose Tage, durchwachte Nächte am Monte Grappa wurden lebendig; zwei Jahre nur, rechnete Josef Vinzenz von heute bis zur k. k. Kapitulation anno achtzehn zurück, roch einmal mehr Giftgas und faulende Leiber, hörte Detonationen und Einschläge, Schreie, Geheul, hielt Ohren zu, kniff die Augen zusammen.

Nein, brachte er schließlich hervor, bitte glauben Sie mir. *Ich* hab' den Weltkrieg weder gewollt noch erklärt. Sind wir nicht hüben wie drüben für schlimme Zwecke benutzt worden? Schaut her...
Der Feind hob ein Mädchen hoch und ließ das Kind auf seinem Knie reiten. Es jauchzte: *Arri, arri, cavallino!*
Vier lange Jahre hatten Nicodemos Züge verhärtet. Gefrorener Haß, dachte Pachmayr. Aber noch brach nichts auf. Kein weiteres Wort löste die Klammern des Italieners.
Sie schwiegen.
Als erste sprach Clara. Sie fragte behutsam, wie ein Vogel vor Tagesanbruch seine Stimme erprobt:
Ihr habt eigene Kinder?
Nein.
Eure Eltern?
Sind tot.
Dann aber unerwartet der Bauer: Gib ihm. Koch' Suppe. Ist genug Wein da? Richte ein Bett. Kissen und Leintuch, doppelte Decken. Vergiß nicht, daß Fremde viel Zeit für den Weg brauchen. Pietro und Paolo sollen ihn morgen begleiten. Wenn er Maccagno als Übergang nimmt, zur Alpe Piode. Sonst bis Sottile.
Damit verließ Nicodemo den Raum.

Am nächsten Tag, sechs Uhr dreißig, herrschte Nebel. Josef Pachmayr aus Baden bei Wien stand in feuchtkalter Dunkelheit und strich leichten Herzens den Colle Valdobbia aus seinem Programm. Er fühlte sich elend. Die wartenden Zwillinge beschenkte der Doktor mit je zwei Lire, schickte sie fort und bat darum, Vater wie Mutter grüßen zu lassen. Beide Buben nickten synchron.
Paolo Gens lächelte schüchtern: Papa hat gemeint, Ihr kommt vielleicht wieder im nächsten Sommer. Es sei ihm recht.

Das Schwarze Tal

Kaum zu fassen, sage ich. Ist diese Sache genau so passiert?
Bestimmt, versichert Angela Arienta.
Wir hocken am Feuer, es regnet seit Stunden. Die alte Frau wirft Holz in den Herd. Windsbräute jammern, hin und wieder explodiert etwas und tut sich wichtig als Ofenvulkan. Montata, mit 1638 Meter einst das höchste dauernd bewohnte Dorf der alten Provinz Novara, kommt mir vor wie eine Barke im Meer. Wohin treibt sie?
Ich war neun dazumal und hab Gens wie mein Onkel Demo geheißen, erzählt die Signora (sie sagt wirklich *dazumal*), bin aber geboren in Piane di sotto. Als Montà Ende neunundneunzig verbrannte, lebten hier sieben Familien. Wie's geschehen ist? Himmel! Ein Bauer drechselte Schüsseln, hatte höllisch geheizt. Da fuhren Flammen durchs Rohr und trafen den Heustock. Zum Glück sind nur Carolina und ihre Enkel daheim gewesen, die anderen arbeiteten draußen.
Jemand klopft Stiefel vor der Tür ab. Fensterglas klirrt.
Avanti?
Permesso. Scheußliches Wetter.
Cousin Paolo, sagt die Arienta. Er ißt mit uns. Und Sie, Signore, sollen heute hier schlafen. Dieses Haus ist ein Posto di Ristoro e Riposo, eine Herberge. Zwanzig Plätze kann ich offerieren (*offerieren* statt bieten, halte ich fest). Bleiben Sie?
Eher nicht.
Angela setzt Wasser im Topf auf, schürt das Feuer, hackt Zwiebeln und Knoblauch, putzt Petersilie, wickelt Wurst aus Papier, legt Brot-

scheiben nebeneinander, ordnet Gabeln, schafft eine volle Flasche herbei, vergißt auch drei Becher nicht, läßt Pasta köcheln und brummt vor sich hin:
Keine Soße. Entschuldigt. Tomatenmark knapp.
Über unsere Teller gebeugt, wickeln Paolo Gens und ich geölte Spaghetti. Wir reiben Parmesanviertel, schlingen und schlucken, spülen mit Rotwein nach, säbeln Salame, schneiden Toma in mundgerechte Quadrate und schnaufen endlich zufrieden.
Die grüne Würzmischung?
Nennt man *bagnett*, sagt Frau Arienta. Sowas wie Salsa Verde: Kräuter, Essig und Öl, Zwiebeln und Knoblauch, Salz, bißchen Pfeffer. Aber nun, Paolino: Kaffee! Sie auch? Liscio oder corretto?
Schuß, zwinkert der Vetter und Nachbar. Corretto.
Ich bestelle die leichte Version ohne Schnaps.
Während wir unsere Täßchen heben, kündigt Paolos Base neuen Stoff auf dem Plauderweg an. Sie fragt scheinbar ahnungslos:
Wo war ich? Ah ja, das Großfeuer. Um vierzehn herum wurde hier wieder gebaut. In den zwanziger Jahren ist dann einer zu uns gekommen – feine Hosen, Halstuch, schneeweiße Schuhe. Er sei Botaniker, hat der Fremde berichtet und blieb vier Wochen lang. Sammelte Gräser, pflückte massenhaft Pilze, aß und trank, schlief im Heu. Zuguterletzt bat dieser Herr meinen Vater Battista um eine Kraxe und verkündete, nun transportiere er alles nach Gressoney hinunter, mit dem Erlös würden sämtliche Schulden beglichen. Wir haben ihn nie mehr gesehen.
Botaniker, spottet Paolo Gens. Spitzbube!
Richtig.
Und kein Polizist hat den Gauner verfolgt?
Lieber Freund, schmunzelt Angela, wer dran glaubt. Gendarmen ... Einmal stehen zwei Kerle im Weiler wie aus dem Boden gewachsen. Beide schleppen schweres Werkzeug und sagen: *Habt ihr Arbeit für Maurer?* Nein, wehrt mein Vater ab. Da ziehen sie weiter. Dann stie-

feln drei Carabinieri herauf: *Eh, Gens, hast du Männer gesehen?* Sogar welche mit Hammer und Meißel, lauft rasch zum Hospiz! Aber die Bullen (Pardon) kehren um. Schöne Helden. Nicht wahr? Man hat später Sottile offen gefunden, verwüstet, der Weinvorrat weg.
Opplà! ruft Paolo. Er stemmt mit seiner Linken eine imaginäre Ladung und spielt den Saufkopf.
Lllalute...
Du hast's erfaßt, lacht die Cousine in ihrem geblümten Kleid. Heiliger Strohsack!
Sie dreht am Gas, läßt Streichhölzer zischen, winkt dem ohne Gruß sich entfernenden Hirten nach (er geht breit, ein alpiner Matrose, vielleicht selbst schon beschwipst?) und füttert das Feuer.
Kupferne Glut, Nacht vor den Fenstern, bleiches Deckenlicht: Montata, neun oder zehn Uhr abends, Mitte September. Es regnet und regnet.
Sauber, sage ich. Aufs Absteigen wird wohl verzichtet. Wenn mich drunten im Tal bloß niemand vermißt. Es kann schon sein, daß Silvino Vaira... Was meinen Sie?
Angela schweigt. Sie ist mit dem Denken woanders. Mir bleibt also Zeit, ihr Gesicht zu erforschen. Ich finde Querfalten, Wülste, Längsrillen, Narben und Löcher, Flecken, Schrunden, Risse, Verzweigungen, torfbraune Augen, eine starke Nase und das stattliche Kinn.
Signora?
Bin gespannt.
Nun?
Ob der Hubschrauber kommt. Nächsten Mittwoch sollte er landen. Dann ist dieser Sommer vorbei. Ab nach Quarona! Dort wartet Franco.
Arienta?
Mein Sohn. Und was ihren Vaira angeht? Himmel! In Sant'Antonio wird keiner nervös, wenn es stundenlang wettert. Man begreife doch nur, wie Clerino vor drei Menschenaltern gelebt hat, Giacomo Cleri-

no aus Carema nahe Ivrea, wo der rote Nebbiolowein wächst. Gesù, welche Armut. Das Lager nicht mehr als schüttere Streu oder Laub neben den Ziegen im Stall. Hirt war er, Soldat unter Napoleon und König Carlo Felice, danach Bauer, Bergmann, Waldhelfer und Kustos am Colle Valdobbia. Giacomos junger Frau Anna Loro gehörte hier eine Osteria. Brave Person!

Jetzt tobt es draußen. Die Nacht geht entzwei.

Uns, sagt Angela dumpf, drücken Probleme...

Rinaldo Arienta ist 1975 gestorben: ein Infarkt ohne Ankündigung, abrupt, radikal. Ich liege im Bett des Seligen, das nun Hausgästen dient, und höre dem Sturm zu, seinen immer wilderen Klagen, mit denen er mich bis vor die Grenze zum Schlaf verfolgt.

Morgens Stille, sieben Uhr zehn. Dann ein Riß. Meine Tür kreischt und weckt alle Welt, Montata wird jedenfalls wach oder ist es bereits, denn Paolos Rinder grasen oben am Hang. Ihre Glocken zeichnen ebenso zarte wie harmonische Klangbilder und tönen fern genug, um dem Brunnen nicht in die Quere zu kommen.

Signora erscheint in Pantoffeln. Sie sagt: Das Wetter holt Atem. Dieser Herbsttag! Glückspilz. Man hat Kredit bei Sankt Peter? Wenn mein Rheuma nicht wär', würd' ich glatt darauf wetten, daß der Mai wieder da ist. Aber er brächte nur mehr Durcheinander.

A propos Probleme, versuche ich kaffeetrinkend an gestern zu knüpfen. Was fehlt denn im Tal?

Der Fahrweg von Sant'Antonio her. Die Straße für Autos über den Paß.

Dann kriegen Sie mächtig Betrieb!

Genau. Buono.

Und Lärm, Müll, zertretene Wiesen, Hetze, Gestank. Schont euer Kapital! Auch Ruhe und saubere Luft bringen Geld, wenn rücksichtsvoll –

Basta.
Genug?
So also endet ein kurzes Duell. Die Sonne flirrt an der Wirtin vorbei, ich schließe im Reflex meine Augen und kann hinterher nicht mehr sagen, wer von uns beiden zuerst räsoniert hat oder welche Formel zum Abschied getauscht wurde: Guten Tag, Frau Arienta? Kommen Sie wieder, mein Herr?

Peccia ist verlassen. Piane di sotto wirkt leer (obwohl ich Beobachtung spüre), nur zwei kleine Gefangene mit nackten Hälsen halten die Stellung. Ein Drahtkorb schwingt zwischen Zweigen, der sich erhebende Wind löst gelbe Blätter vom Busch; er wirbelt sie wie Federn ums Haus, und ich wundere mich darüber, daß Kanarienvögel fern ihrer atlantischen Heimat nicht sterben.
Wieder rinnt Regen, erst sanft und dann intensiv; bald hängen Pleureusen bis auf Le Piane herab, die vier schwach erkennbaren Hütten von Cambiaveto jenseits des Tobels schwimmen im Grau. Dort, wo das fette und bei Rindern beliebte Ulmenlaub schon geerntet ist – nur Besen bleiben zurück – will ich hin, um weiter nach Rabernardo zu wandern.
Der Cambiavejbach kocht. Er wäscht meine Hose, schmatzend wird lehmige Brühe jenseits des Grabens bei jedem Schritt aus den Schuhen gequetscht.
Es pladdert.
Total durchnäßt sieht Piero mich auftauchen und nennt seinen Namen, ein stämmiger Carmellino mit Bartstoppeln, lichtem Haar über hoher Stirn. Der Mann hat mein Schimpfen gehört und die Arbeit liegengelassen; er buttert in anderswo längst verschwundener Weise mit dem Stoßfaß, beißt dabei Zähne zusammen, keucht, kommentiert:
Ziemlich alt, dieses Stück. Aber was läuft besser *ohne* Elektrizität?

Angela Gens-Arienta, Gastgeberin im Weiler Montata (1638 m): »Dieser Herbsttag! Glückspilz. Man hat Kredit bei Sankt Peter?«

Wer nichts aus eigener Tasche zuzahlt, kriegt vom Staat keinen Strom. Das wird bleiben, solange ich Vieh hab'.
Im langsam fließenden Dialog stellt sich heraus, daß Piero allein lebt. Er pendelt mit sieben Kühen zwischen Cà Verno, Cambiaveto und der Alm Sotto le Pisse. Kinder, Familie? Unmöglich! Welche Frau wolle hier denn schon hausen. Anderer Beruf? Etwa Bergführer? Ihm habe niemand von derlei Dingen erzählt.
Weißt du, seufzt Carmellino, diese Erde. Wie eine Fessel. Papa Alfonso hat mal gesagt: Steh' deinem Dorf bei oder alles geht schief. Aber jetzt? Schluß. Die Eltern sind tot, das bißchen Landwirtschaft macht uns zu Bettlern, und ich bin immer noch hier.
Wie der aus Oro?
Mein Onkel. Doch Zio Mario ist schlechter dran. Verkauft sein letztes Milchvieh, weil irgendein Narr in Brüssel den Berglern vorschreiben will, ihre Ställe zu kacheln. Wer muß denn schuften und bluten dafür? Porco mondo. Warum nicht gleich goldene Becken fürs Scheißhaus?
Ich schaue an Piero vorbei. Sechzig Jahre früher hat jemand einem inneren Druck nachgegeben und sich kritzelnd am Eingang zum Abtritt entleert, mit weißen Lettern, unübersehbar: *Evviva il Duce.* Da! deute ich.
Carmellino spitzt nur den Mund, als schmecke er Saures.
Unterdes fällt der Regen mit brachialer Gewalt. Es schüttet und strömt wie aus Schläuchen zu Tal. Das ist kein Wolkenbruch mehr, sondern eine Katastrophe. Ohne Schutz ...
Per favore, sagt Piero. Mein Onkel in Rabernard' gibt ihn zurück. Er fischt den schwarzen Stockschirm vom Haken. Ich bin erstaunt und frage: Mino?
Si. Mino, Marino. Wir alle gehören zusammen. Ciao dann. Die Butter wartet. Wiedersehn.
Wieder, sagt auch Marino Carmellino und reicht mir seine zerschossene Rechte, du bist tatsächlich wieder da. Zwei Jahre, nicht wahr?

Setz' Kaffee auf, Ugo. Hol' Zucker. Maledizione, wie naß ein Mensch werden kann! Lausige Zeiten. *Poveri noi.*
Wir sitzen und schlürfen. Ich berichte ohne Hast vom Anstieg zum Corno Rosso, lobe den importierten Hüttenwirt Antoninetti am Colle Valdobbia, richte dessen Gruß aus sowie *cari saluti* von Angela Gens-Arienta und bin fertig.
Das war's.
Ne, nickt Marino.
Ugo: Naja.
Unterm Hocker bilden sich Pfützen.
Dichter Nebel umstreicht Rabernardo. Der Ofen bullert. Es riecht nach Tabak, Rauchfleisch und Heu. Die Stube ist mit ledernen Vorhängen vom Stall abgetrennt, dahinter hört man pochende Hufe und jenes Prasseln, das entsteht, wenn Harn strählt.
Eine Uhr tickt. Oder der Holzwurm.
Was wird jemand tun, frage ich unvermittelt, ohne den Vater?
Ugo: Vielleicht geh' ich ja vor ihm.
Und Marino: Ach, meine Augen! Seit du zuletzt hier warst, bin ich fast blind. Dieser Frühling? Ekelhaft. Unser Gras ist am Boden gefault, im Juni haben wir endlich noch Hafer fürs Vieh säen können, doch nichts wurde reif. Dabei sah Rabernard' einmal wunderbar aus – überall Roggen, duftendes Korn, der Sommerwind hat die Halme bewegt. Mein Gott...
Dann spricht er leiser.
Vor langer Zeit, sagt Carmellino, sind Bauern hier aufgetaucht, wer weiß von woher. Sie fanden unser Land düster und nannten es deshalb *Val Scura* oder *Val Tupp.* Tannen wurden geschlagen, Steine geschichtet, man hat Hütten erbaut und schöne Kapellen. Nun freilich ist alles anders. Ein Verhängnis sucht unsere Siedlungen heim und läßt sie sterben. Wildnis rückt vor, zuerst kommt der Ginster. Dunkler Wald macht sich breit. Irgendwann, wenn wir nicht mehr leben, wird das Val Vogna wieder zum Schwarzen Tal.

Marino, denke ich. Groß war dein Nachruf.
Aber er: Du findest uns hier. Wir sind immer zuhaus'.

Im Rifugio Vaira lachen die Gäste. Der Debattierclub hat wie eh und je Konjunktur, heute abend läßt sich kein Fremder blicken; wenn nicht alles täuscht, bleibt Sant'Antonio wenigstens wochentags ein Treff für Montanari mit rauhen Manieren. Silvino schwitzt. Er nimmt meine Ankunft jedoch zur Kenntnis, desgleichen Silvana am Tisch in der Küche.
Klein-Filiberto (selten versäumen Besucher, ihn zu umarmen) thront auf einem Ding, das mir neu ist. Schwester Daiana führt vor:
Die Eismaschine. Voller... vollautomatisch. Was sagst du jetzt?
Absolut nichts. Wie jener Kloben, an dem meine Freundlichkeit scheitert. Orso, der Bär.

Fertig zum Abgang

So hat die Geschichte begonnen, als ein Auserwählter den schwimmenden Schuh baute. Noah war damals schon fertig mit seinem Werk (verzapft, verpicht, startbereit) und kniete inmitten regloser Passagiere. Er hörte es gurgeln. Wohin? Wie lange? Weshalb wir allein? Jetzt hob sich der Steven, nun auch das Heck.
Unglaublich, diese Gottesfurcht. Welches Vertrauen!
Ich sitze und drehe Daumen. Seit achtundvierzig Stunden rauscht Regen vom Himmel, monoton, unablässig. Im Rifugio herrscht Gleichgültigkeit. Tief auf Tief treibt von Genua her gegen die Alpen, bleierne Wolkenschiffe segeln mit Vollzeug vorm Wind; sie platzen, wenn ihre Bäuche den Monte Rosa berühren.
Kaffee bitte! Wieviele hab' ich gestern und heute getrunken?
Sieben, sagt Silvana.
Das Telefon schrillt. Na also, wenigstens Neues. Der Wirt eilt zum Apparat.
Pronto? Si, sono io. Und endlich: *Capito.*

Abends werden alle Berichte von draußen zusammengefaßt, hin- und hergewendet, miteinander verglichen. Wer bietet mehr? Sämtliche Männer des Tals reden zugleich, mitten unter ihnen Silvino Vaira (aus Prinzip defensiv), an der Theke die ebenso junge wie hübsche Hilfskraft Nives Capelli in hautengen Hosen. Als sie sich in Ganzfigur zeigt, taxiert jemand ihren Hintern und gibt, durch den Wein belebt, seinen Senf ab: Buon cavallo.

Rassepferd? Blödsinn. Sankt Michaels Viehmarkt, sechshundert Jahre lang regionaler Magnet und Schlußpunkt des Almbetriebs Ende September, kann weder Hirten noch Reiter nach Riva Valdobbia locken. Er ist längst zugrunde gegangen.
Hahahaha! stoppt Vairas Cousin, ein magerer Typ ohne Arbeit, mein Denken. Im Kabuff wird der Sauerstoff knapp. Gesichter glänzen, man kaut Hiobsbotschaften zum hundertsten Mal:
Oberhalb Cà Piacentino hat ein Erdrutsch den Fahrweg blockiert. Die steinerne *Ponte Napoleonico* zwischen Peccia und Montata ist unterspült, ein Steg wurde weggeschwemmt, Teile des Maultierpfads sind beschädigt. Bei Alagna donnert der Fluß schon zweieinhalb Meter über Normal. Varallo meldet Muren, sechs Leute sollen tot sein. Bald wird kein Linienbus mehr im Valsesia verkehren.
Wirklich? Die Bergbauern lachen mit Weingläsern in den Fäusten. Wir halten stand, sagen sie und rufen: Nachschub, Silvino!
Nur nicht aufgeben.
Ich aber denke: Wenn kein Wunder hilft...
Und es regnet.
Mein Bett im ersten Stock ächzt beim Massieren der pelzigen Beine. Dann wird dem Plätschern gelauscht, bestrumpft getappt vom Fenster zur Tür, von einer Liege zur anderen. An den Dachbalken perlt etwas, tröpfelt und tropft.
Schließlich noch, knips! geht das Licht aus. Unter mir Krach wie beim Championat für Juventus.
Fort jetzt. Es reicht. Ab in die Dunkelheit zu Silvino, der Kerzen verteilt hat und hinterm Haus den Benziner anwirft. Still freut er sich dort seines Erfolgs: ein Kind, dessen Spielzeug wunschgemäß knattert.
Notaggregat? brülle ich. Si! schreit Silvana neben mir und dreht ihre Hand. Generatore! Nuovo!
Die kleine Piazza scheint Wellen zu werfen. Wo vorher Weideland war, sind nun überschwemmte Wiesen zu ahnen, das flache Loch

vorm letzten Bau in Richtung Talschluß deckt ein einziger See. Spätestens hier holt sich jeder von Peccia kommende Nachtschwärmer, der Vairas Rifugio ansteuert, nasse Füße.
Mir freilich bleibt das Zimmer nahe jenem des Kleeblatts (Daiana-Emanuele-Leonardo-Filiberto), aus dem Rhythmen und Beifall dringen: Televisione terribile. Fröstelnd rolle ich mich zusammen, ein Igel gegen den Rest dieser Welt, und versuche zu schlafen.

Am Morgen die Wende. Was kein Frosch vorhergesagt hat, wurde Realität; innerhalb weniger Stunden ist das Quecksilber bis in den Keller gerutscht. Acht Grad plus meldet mein Thermometer, draußen gilt Minus. Es schneit. Ein Bote des Winters hat sich ins Val Vogna geschlichen, dünn ist seine Daunendecke, sie wird weder wärmen noch lange liegen wie der Gast ohne arktische Ausrüstung, dem die Nase juckt. Januarkälte? Darauf war ich nicht eingerichtet.
Wie auch immer.
Mein Atem wölkt, ich spaziere zwischen Parkplatz und Gasthof. Der Schneeboden knarrt. Wer vorsichtig schnuppert, findet das Klima geruchlos oder gar seltsam steril: ein nagendes Nichts, eine Luft ohne Würze. Vor dem Bänkchen aus Stein am Kirchenportal starrt Eis unter Flaum. Silvana Ferraris streut Asche. Ecco, sagt sie. Noch mehr, und Signor Severina eröffnet die Loipe von Riva, denn Skilauf gibt's keinen hier, unsere Hügel sind viel zu kurz. Wer da investiert, ist bald arm. Haben Sie Bretter?
Hab' ich nicht.
Silvino tritt auf wie Statisten es tun, anders als jene sucht er nach Worten. Weißes Gewirbel verweht mittlerweile, ein Südwind schiebt Wolken vom Corno Rosso zum Ischamberg; man kennt kaum bessere Zeichen für Hochdruck, das Wetter wechselt hier manchmal in rasendem Tempo.
Vittorios Tag, sagt der Gastwirt mit halber Drehung zu mir, seine Hel-

fer sind schon heroben. Die Alpe Ovago wird heute geräumt: sieben Kühe, zwei Esel. Bis dahin ist es nicht weit. Ab Ponte Bernardo zwanzig Minuten lang links des Torrente aufwärts.
Ovago habe ich öfters gesehen, zuletzt gestern von Cambiavej aus mit blauem Rauch überm Dach. Vittorio Carmellino aus Balma aber war mir bisher nur anekdotisch begegnet: Zehnfacher Vater, stolz auf den alten Stamm Carmellino – ein Feuerkopf, der in seiner Jugend nichts anbrennen ließ und von Fall zu Fall handgreiflich wurde.

So, mault Vittorio. Ihr kommt spät! Oder wir packen früh zusammen. Bleibt sich gleich.
Seiner Frau Maria Augusta haben sechzig Jahre nicht viel genommen, ihre Wangen sind rund und rosa wie Äpfel. Schwarzes Haar ohne Silber, energisches Kinn; ein Beweis mehr, denke ich, für die Stärke des sogenannten Schwachen Geschlechts. Der Mann indes stöhnt. Er leidet an Kniebeschwerden, sein vier Jahre älteres Gesicht ist gelb und zerfurcht, nur flackernde Augen verraten noch Spannung.
Allora?
Beide Söhne haben den Esel beladen. Fertig zum Abgang.
Von Westen her gleißen Gipfel, Piane di sotto leuchtet mit braunen Fronten warm in der Sonne. Unser Platz ist schattig und kalt. Ein Mischling bellt das Vieh wie außer sich an, es trottet ohne Eile zu Tal und folgt dem humpelnden Bauern.
Bravi, sage ich. Maria Augusta entgegnet: Diese Kühe sind schlau. Seit Tagen schon suchen sie immer tiefer gelegene Matten. Die wittern den Schnee.
Und weiter oben?
Cavallirio gehört zu Le Piane.
Haben Irma und Ada ihren Platz schon verlegt?
Wahrscheinlich. Wissen Sie, selbst uns bleiben solche Leute fremd. Jahr um Jahr hausen Vittorio und ich nun schon auf Ovago und stets,

Oft macht der Winter zeitig mobil. Diesmal färbt er die Flanken des Vognatals schon Mitte September ein, so daß Vittorio und Maria Augusta Carmellino ihre Alpe Ovago früher als sonst räumen. Va bene! Der Köter trollt hinterher.

wenn wir vor der Alm Cavallirio stehen, verdrücken sich beide Jachetti. Erst jetzt grüßen sie manchmal. Von weitem!
In Sant'Antonio packt Maria Augustas Mann ein gewaltiger Durst. Während er mit Silvino redet, dröhnt es fern vom Valsesia her, biegt nach Norden und steigt. Die Libelle hat nichts mit Angela Arientas Wünschen zu tun; sie transportiert schwerere Last, am Haken schwingen Ballen im Netz: Heu für Poesi. Der junge Mario Pollet dort oben habe um Hilfe gefunkt, mutmaßt Maria Augusta, denn sämtliche Stallraufen seien nun leer.
Das Sicheln verstummt.
Und meine alte Gastgeberin in Montà? Ab nach Quarona?

Bei Cà Piacentino wird die Mure beseitigt. Man läßt Geschiebe abstürzen, einen zähen Brei, der vom Berg gestern ausgekotzt worden ist und dessen Lehmhaut erstarrt. Carmellinos Rinder passieren ohne Panik, weil durch gutturale Laute gelenkt. Der Mann auf dem Bulldozer spreizt zwei Finger, er hat mich erkannt oder ich kenne ihn, und (siehe da – selbes Lächeln) schon formt das Gesicht eine Brücke: Buon cavallo? Bella ragazza. Seine ranke Schwester Nives bedient im Rifugio.
Eines gibt dich dem anderen weiter...
Vittorio und Maria Augusta haben mich wortlos dem nächsten Nachbarn empfohlen, staunend ob meiner Ankunft steht der Weißschopf in Piacentino. Als ich aufs Haus hinter ihm deute, zuckt er mit den Achseln. Mia casa, heißt das vermutlich, morsch aber mein, und dann folgt die Einladung: Man könne auch drinnen am Tisch reden statt draußen zu frieren.
Darf ich?
Prego.
Knarzende Böden, Zwielicht, Geschlurfe. Vor mir steht eine Frau, klein und sehr krumm. Sie betrachtet mich ernst. Ich ergreife die

knotige Hand, kühl sind ihre Finger und trocken, sie rascheln wie Pergament.
Ersilia, sagt der Alte. Meine Schwester.
Wir hocken lange am Nachmittag, ehe zwischen den beiden Lazier und mir die Befangenheit weicht. Das Zimmer wirkt schön in seiner schlichten Ausstattung, es spiegelt vom Bord bis zur Bank eine Ästhetik des Nützlichen wider, der Gebrauchswert gilt hier noch mehr als durch Moden diktierte Leitbilder. Was macht andere Bergler empfänglich für Kitsch? Ihr Kampf ums Dasein schuf einst enorme Widerstandskräfte. Jetzt lassen sie nach, und man legt sich dem Wandel zu Füßen.
Viele Montanari haben Ballast abgeworfen, um jener Zukunft zu huldigen, die Identität nicht länger ernst nimmt. Sie waren Bauern – zwar arm, aber frei. Was bleibt ihnen nun, deren Enkel während des Winters Pisten planieren und Liftbügel halten? Ein Stück Stolz ist aus den Tälern gewichen...
Italo sagt: Meravigliosa Val Vogna? Ich kann das nicht finden. Es gibt bessere Täler! Zum Beispiel bei euch, wo die Berge flach sind und man moderne Maschinen hat.
Ersilia klagt: Mir wird alles zu kompliziert. Warum vertrocknen unsere Lärchen, fault unser Gras vor der Sense? Steinböcke flüchten nicht, wenn du dich ihnen näherst. Junge Leute verweigern ihren Vätern den Dienst. Wie soll das enden?

Gegen Abend beim Heimweg (ja: *heim*) brennt der Himmel. Dann fällt die Nacht ein mit glashartem Frost. Sie tilgt alle Glut und läßt Asche zurück.

Aufwärts, hinunter

Wenn es um Strittiges geht, werden am Monte Rosa die Alten befragt. Man weiß zwar durchaus, daß ihre Autorität nicht grenzenlos ist, doch selbst der jüngste Spund würde kaum widersprechen, wenn jemand sagte: Amici, ihr könnt das nicht wissen. Damals vor sechzig Jahren, als ich ein Kind war…

So wird denn auch heute versichert, mit dem *richtigen* Winter sei das so eine Sache. Diesen *richtigen* Winter samt drei Meter Schnee habe man wirklich erlebt. Im Val Vogna allemal. Nein, heißt es dann unter Valsesianern (deren Herzen zum nicht geringen Teil für den Skibetrieb und dessen Einkünfte schlagen), unser Gletscher ist unvergleichbar. Auf der Punta Indren türmt sich das weiße Gold gute viereinhalb Meter hoch. Fahrt Seilbahn, schaut selbst!

Geschenkt. Jede Seite hat recht. Nur jetzt, am Silvestertag, gönnt Sankt Peter weder droben noch drüben dem Publikum eine einzige Flocke. Ich liege bei Pietro Ronco in der Pension Mirella faul auf dem Bett und lasse die Stunden zerkrümeln. Bald, kurz vor zwölf, werde ich meinen Freund Ennio besuchen und Neujahr mit Spumante feiern.

Sti-hille Nacht…

Wie? Was? Woher dieser Chor?

Alagna singt.

O du fröhliche, Kinderlein kommet, macht hoch, Tannenbaum…

Ich trample vier Treppen hinab zum Ausgang des Gasthofs. Schon wogt es von San Giovanni Battista herüber, und Gottes sonore Stimme sagt deutscher als deutsch:

Sie hören die Glocken der Frauenkirche zu München.
Germania in Italia!
Solche Wunder tut Don Carlo Elgo, Gemeindepfarrer von Alagna Sesia, ein Spätberufener ohne Scheu vor Publizität. Einer, der Beifall genießt, ja: zuweilen gar regelrecht provoziert, es gibt schlimmere Schwächen. Hochwürden haben rund zweihundertsiebzigmal den Monte Rosa berannt, und wann es genug ist, weiß niemand zu sagen. Die Routenauswahl wird längst erschöpft sein, für des Priesters Person gilt dies nicht.
Über menschenleer liegende Gassen schallt das Getöse. Was modernen Muezzins recht sein mag, ist Don Carlo teuer: Lautsprecher am Helm seines Turms.
Eine große Freude, die allem Volk widerfahren wird?
Ich mache mich auf den Weg zu Fanetti. Leise rieselt der Schnee. Pünktlich vor Torschluß.

Am ersten Januar träumt Alagna Dach für Dach unter Mantel und Mütze, als ich von Riva her in Richtung Val Vogna laufe. Überall Stille. Es schneit weiter auf die gepolsterte Straße, ein blasser Sonnenfleck steht nahe der Cima di Janzo. Das Geräusch meiner Schritte gibt Halt. Ich kann vor mich hinzählen oder Signale des Lebens summieren, etwa dann, wenn ein Vogel krächzt, wenn plötzlich etwas rasselnd von Berglehnen rutscht und den Wanderer schreckt.
Vermummt sind die Häuser von Casa Janzo, Cà Piacentino, Casa Morca, Cà Verno. Der Winter zeigt kalte Kamine, mit Planen bedeckte Holzstapel, geschlossene Läden und nur selten eine Rauchschnur. Ich schleiche durchs Tal: nie sicher, ob mich nicht irgendwo Argwohn belauert.
Von der Kirche aus spure ich weiter. Die Mulattiera ist unberührt. Auch Sant'Antonio kam mir heute leer vor während des milchigen Morgens, in diesem diffusen Licht, das so gar nicht an stäubendes

Pulver erinnert, an Schwung und Schuß, an *sun and fun*, an Barbies im Overall mit Perlzähnen unter verspiegelter Brille.
Ich wühle knietief. Der Atem geht schnell. Die Vogna murmelt und tarnt sich als Rinnsal. Bis Peccia reicht meine Kraft, dann pausiere ich auf einer Bank vor Ginas Haus, jene Familie Gens erinnernd, deren weibliches Oberhaupt Mitte Juni vom flüssigen Käse beim Brand im Weiler Selveglio erzählt und bedauert hat: Unser Roggen verdirbt, zuviel Nässe seit drei Jahrzehnten, das Wetter ist schuld. Wer selbstgebackenes Brot essen will, kann hier nicht mehr leben.
Windloser Tag. Es schneit jetzt, als schütte jemand Mehl aus einem Sieb übers Land. Bei San Grato drehe ich mich um meine eigene Achse.
Kein Laut. Keine Sicht.
Man könnte nun an der Chormauer kauern, den Kopf zur Seite legen und träumen. Erst würde das Pochen im Hals sich beruhigen, dann schwächer werden und aussetzen. Ein sanfter Abgang wäre mir sicher – wohin?
Reiß dich zusammen. Hörst du: Zurück!
Schwerfällig stehe ich auf.

Hinter Peccia, wo Findlinge lagern, nehme ich ferne Bewegungen wahr. Gams oder Fuchs? Vor drei Menschenaltern haben hier angeblich Bären gehaust, Wölfe und Wildkatzen, um 1900 auch noch einzelne Fischotter, Marder sowie die durch den forschenden Abt Antonio Carestia am Colle Valdobbia entdeckte Schlange *Vipera immaculata*.
Dieser widerwärtige Schneefall... Er macht mich zum Irrläufer in der Leere des Winters, spielt nach Belieben mit mir und läßt mich fast an meinem Verstand zweifeln.
Geflimmer. Aufwärts, hinunter. Was ist das nun? Punkt oder Strich? Etwas wächst aus dem Weiß und hebt einen Arm – Giovanni Negro

Giovanni Negro aus Piane holt in Peccia Heu mit dem Korb. Zwei halbe Wegstunden knirschenden Schnees und sonst kein Laut, hin wie zurück.

aus Piane di sopra. Mein Wegmacher! Er grüßt mit hoher Stimme.
Ich erkundige mich: Man holt Heu in der Kraxe?
Ja. Einen Schober haben wir hier.
Viel Schnee, nicht wahr.
Seit Mitte November der erste. Sankt Anton bringt aber mehr. Ihr bleibt bei uns bis zum Antoniustag?
Vielleicht.
Am siebzehnten also. Arrivederci.

Zwei Wochen Abstand vom Tal haben Blicke geschärft und Nähe verdoppelt: Die Neigung zur Nische zwischen Bergen, von der du nicht lassen kannst oder willst.
Das Fest fällt auf den Samstag. Giovanni Negro lag falsch mit seiner Prognose, zum Besten des Schutzpatrons Sant'Antonio hat Petrus heute halbe Brötchen gebacken, es ist kühl aber trocken. Man blickt im Val Vogna Don Darios Messe und dem darauf folgenden Rummel entgegen. Rummel? *Incanto.* Eine traditionelle Auktion zum Zweck entschiedener Wohltätigkeit, denn nur vom Heiligen Geist lebt weder der einzelne Mensch noch die Kirchengemeinde.
Viele sind da. Ich sehe Angiolina Gens im schwarzen Sonntagsstaat, Ada, Florindo (schleppender Gang), die Geschwister Lazier mit ihrem älteren Bruder Eugenio (der in Ostpreußen war); Sindaco Severina gibt sich für Riva Valdobbia amtlich die Ehre, Silvinos zaundürrer Vetter Ennio Vaira ist anwesend wie auch Orso (grußlos), Piero Carmellino (joviales Geblinzel) und ein Bergler mit Glatze – Marco aus Casa Verno.
Vergeblich warte ich auf jene, deren Scheu oder Passivität allen eventuellen Drang nach außen behindert. Es fehlen Binza Pollet, den keiner im Tal Albino ruft, der halbblinde Bauer Marino und dessen Sohn Ugo, vier Negri vom Weiler Piane di sopra, Mario Carmellino samt Schwester Pia, der öffentlich nie genannte Rotbart Luigi Vogna

und Irma Jachetti. Sie, immerhin, wird durch ihre ebenso scheue wie schaulustige Tochter Ada vertreten, die abseits steht im Konflikt zwischen Einstieg und Flucht.
Ciao, Ada.
Sie nickt.
Und nun ist Don Carlo Elgos Stunde gekommen: *Dopo la messa l'incanto, Signore-Signori!*
Schlag auf Schlag werden milde Gaben verhökert, vom Kräuterschnaps bis zum Käse, vom Barolo bester Provenienz übers Ei bis zur Wurst. Carlo Elgo stellt sich, wie zu erwarten war, als Populist heraus und zieht sein Publikum sofort in Bann.
La bella salsiccia! Uovi freschi! Vino di casa!
Die Leute klatschen und feuern den Volkstribun an. Don Dario reicht Nachschub. Italo Carmellino aus Riva darf schließlich Restbestände anpreisen, als der Vorgänger abtritt und dem vergleichsweise flüsternden Mesner das Feld überläßt:
Danke sehr. Danke! Ihr wart *phantastisch!*
Ich aber auch, sagt seine Miene.
Im Rifugio stockt Luft zu Aspik. Es ist die Zeit großer Gesten und kleiner Versprechungen, des Schwörens beim Herrn und der ewigen Freundschaft, cincin mi'amico. Das Buffetmädchen Nives Capelli schafft vierhändig, zwei Pfarrer wollen Silvanas Kochkünste segnen (ihr Braten in Weinsoße wird gerühmt) und dabei den eigenen Appetit nicht mißachten, während Giovanni Severina am Glas nippt. Jeder Zoll seiner graumelierten Erscheinung fordert Respekt; man hat ihn letzthin zum Landrat gewählt, der neue Titel klingt gut:
Presidente della Comunità montana.
Homo politicus, Solitär unter Bauern, rundum geschliffen und glatt. So einer, denke ich, spiegelt in jeder Umgebung. Welche Aussichten haben ihn nach Riva gelockt?
Da legt sich mir eine Hand auf die Schulter. Marco, der Kahlkopf. He du! Morgen früh.

Unter meinen Sohlen bricht Harsch. Noch friert das Tal in submariner Bläue, als wir den steilen Hang bei Cà Verno hinaufstapfen – Marco, Sohn Gianni und Piero Carmellino vorweg, ihr Gast knietiefe Löcher benutzend.
Tapfer halte ich Schritt. Sprüche von gestern greifen nicht länger, von Nachdurst kann keine Rede mehr sein, wichtig sind Motorsäge und Wald. Ein Teil dieses harzduftenden Stoffes muß heute dran glauben, die stille Reserve des Val Vogna, deren Holzwert rapid schrumpft, innerhalb zehn Jahren um sechzig Prozent. Welcher Bergler kommt gegen Billigimporte aus Rußland oder Norwegen an?
Wir sind am Ziel. Scharf frißt sich der Stahl ins Kapital. Baum um Baum stürzt. Carmellinos Hunde verbellen ihre Opfer mit Schaum vor den Schnauzen. Schnelle Axthiebe trennen die Äste vom Stamm, dann wird jede Lärche mit Spitzhacken abwärts gezogen, hinterm Haus auf einen Schlitten gewuchtet und bis zur Straße geschleift. Marco lenkt, Gianni zieht.
Schweiß ohne Ende. Man arbeitet stumm. Piero wirkt übernächtigt, der junge flachsblonde Maurer schafft ohne Lust. So ist es denn auch nach drei Stunden genug. Als das späte Vormittagslicht die Gipfel Balmone und Pile beleuchtet, sind die letzten Fuhren verfrachtet. Ein Festmeter Holz bringt in Riva 200.000 Lire, also 200 Mark.
Gehen wir essen, sagt Marco.
Piera Bruno-Carmellino hat uns erwartet. Die Hausfrau verteilt Kartoffeln, Zichoriensalat und dampfende Speckwurst. Das Fenster der Wohnküche ist beschlagen, eine unsäglich blöde Teleshow zum Wohl italienischen Weinbrands nimmt Pieras Interesse gefangen. Trotzdem läßt sie meinen Appetit nicht außer acht:
Schmeckt's? Wir haben bloß das.
Beim Toma, den Marco dünn schneidet, kommen wir aufs Wetter zu sprechen. Der Bauer erklärt, als sein Nachbar und Bruder von draußen hereinkommt: Hier im Tal gibt es noch manche Regel. Unsereins weiß, daß die Alten nicht dumm waren. Fratello?

Piero darauf, jede Silbe betonend: *Se a fiocca sla foia / a fè l'invern al gà mia voia* (Schneit es aufs Laub, will der Winter nicht kommen). Und: *Quand' il cucu canta più / al feu è marü* (Singt der Kuckuck nicht mehr, ist das Gras reif). Und: *Quand' che la Rossa la fà 'l capell' / o ca fà brütt, o ca fà bell'* (Trägt der Corno Rosso 'ne Mütze, gibt es Regen oder auch Hitze). Schließlich: *Cume ca fà al di dla Bibiana / a fà quaranta di e-una settimana* (So wie am Tag der Bibiana bleibt es vierzig Tage lang plus eine Woche).

Bibiana? frage ich.

Zweiter Dezember, antwortet Piero, dunkelste Zeit. Unsere Großeltern haben auch im Winter ihre Hände bewegt. Da sind Löffel geschnitzt oder Schüsseln gedreht worden, Hanf wurde gehechelt, Wolle gesponnen, Spitzen geklöppelt. Diese Dinger waren bekannt als die Blüten des Vognatals. Eine fremde Wohltäterin...

Das muß heraus! sage ich. Und Marco: Mutter, fang' an.

Lady Puncetto

Mary Jane Corrigan aus Wicklow war eine Frau mit Elan, der so leicht nichts zur Last wurde. Sie kannte die grüne Insel Éire ebensogut wie den Lake District, hatte Cornwall umsegelt und Schottland im Winter durchwandert, ließ Straps oder Puder höchstens als Beiwerk gelten und näherte sich nun jenem Gebirge, das seit Whympers Desaster am Horn von Zermatt anglisiert war: dem *Playground of Europe*.
Ja, diese Alpen hatten es ihr angetan und ein Vorbild: Mrs. Aubrey le Blond, Gründerin des Ladies' Alpine Club, die eigentlich Elizabeth Hawkins-Whitshead hieß, wie Mary 1861 geboren war und in kletternden britischen Kreisen dezenten Beifall erhielt.
Aber warum das Valsesia und nicht Montblanc oder Jungfrau?
Die irische Lehrerin (dunkel, grazil, mit weißen Fäden im Haar) saß am Fenster. Sie legte den eben beschrifteten Umschlag zur Seite, unter der Bluse stolperte etwas. Es verursachte Angst. Nicht aufregen, dachte Mary Jane, keep cool, und schrieb mit kleinen spitzen Buchstaben an ihre Freundin Margaret Flynn in An Clochan:
Liebe Maggie. Habe ein neues Tal entdeckt, Vogna Valley *near Monte Rosa. Logiere bei Mister Favro (nicht schlecht, sogar Bad) und werde morgen, wenn möglich, die Umgebung erkunden. Bin abgespannt. Du weißt ja: mein Herz. Melde mich wieder. Everytime yours, Deine Mary.*

Margaret las den Ende Juni 1890 gestempelten Brief zweimal, als müsse er mehr enthalten. Die Frau des Schafzüchters Steve Patrick Flynn, wohnhaft im ländlich-beschaulichen Distrikt Connemara am

Meer, kannte Mary seit gemeinsam verkicherter Schulzeit und ließ sowohl Corrigans Energie als auch deren Sprunghaftigkeit gelten. Wirklich klang auch das nächste Billett vom Juli ganz anders:
Well dear, diese Gegend ist hübsch. Holzhäuser wie im Schwarzwald findest du hier und magere Erde. Wenn der Schnee im April oder Mai taut, beginnen die Weiber ihr Land zu bestellen, ich sehe nur Frauen oder Kinder am Steilhang, keine Frucht reift so groß wie bei uns. Von Ernte darf man kaum reden bei drei Schock Kartoffeln und zehn Stengeln Flachs. Fremde Leute leben im Vognatal nicht, nur zuweilen crazy people like me *im einzigen Gasthof* Alpina. *Wenn es mehr Tourismus gäbe, wäre die Armut geringer. Gruß – Mary Jane.*
Und Anfang August: *Viele Bewohner hier wirken pittoresk. Sie sind eher klein, doch passabel gebaut. Kurze Körper haben ihren Ursprung in harten Lebensbedingungen.*

Die Freundin aus Connemara antwortete schnell. Welcher Herkunft das Volk *up there* sei, wollte sie wissen, und weshalb eine Lady ihre kostbare Zeit unter italienischen Bauern totschlage, statt zum Rigi oder nach Vevey zu fahren. *Bist Du am Ende verliebt?*
Darauf wieder Mary am 4. September: *Erraten. Niemand entzieht sich dem Charme des Val Vogna. Aber shocking, my dear, Du läßt Deiner Phantasie freien Lauf und denkst an eine Romanze. Mit wem denn nur, Maggie? Die meisten Männer haben das Tal verlassen. Sie arbeiten auswärts. Als Irin der Westküste solltest Du wissen, was Armut bedeutet und Emigration ... Man sagt, hier hätten einst* Walser *gesiedelt (somehow germans, you know). Ich weiß nichts davon, jedoch haben die Heutigen feine Manieren und könnten jedem Maler Modell stehen.*
Der Grund ihrer Reise? fragte Steve Patrick Flynn im Herrenhaus von An Clochan. Er legte Torf aufs Feuer, draußen rollte die Brandung. Margaret nahm einen Schluck Tee und las weiter:
It's a bit of nostalgia, you know. Ich suchte Whympers Spuren und fand zugleich jene von Reverend Hudson, der anno fünfundsechzig mit Lord

Douglas am Matterhorn blieb. Bewunderte also dieses hohe natürliche Grabmal des Pfarrers und engagierte einen Guide zwecks Umrundung. Querte den Theodulpaß, erreichte Breuil, Champoluc und Gressoney. Entließ dann meinen Führer jenseits des Olenjochs, um von Alagna aus (wo man mehr deutsch spricht als italienisch) allein weiterzugehen. Ich wäre nun gern nach Saas Fee retourniert, doch hinter Alagna geschah es: Das Vognatal... Vier schwache Stunden, love at first sight!
Eselei, knurrte Flynn. Seine Frau aber schrieb: *Darling, take care of yourself.* Sie malte die Buchstaben groß und rot für *Miss Mary Jane Corrigan in Mr. Favros Guesthouse, Janzo Village next to Mount Rose, Province of Novara, Italy.*

Mittlerweile war der Herbst im Val Vogna heimisch geworden. Er zauste die Lärchen, lud Schnee ab, stahl jedem Tag etwas mehr Licht und roch nach Zerfall. Auf den Ackerterrassen wurde Unkraut verbrannt und waberte weiter auch nachts; das Öl kleiner Tischlampen kam, außer bei Favro, wieder zur Anwendung zwischen Montata und Vogna sotto.
In den Häusern aber sprach man von einer *Signorina d'Irlanda.*

Margaret Flynn übte Geduld. Nachdem sich postalisch neun Monate lang nichts bewegt hatte, sagte sie zu ihrem Mann: Ein bißchen verrückt war Mary schon immer gewesen. Du wirst sehen, bald meldet sich unsere Alpinistin aus Afrika oder Indien.
Yes, sagte Steve Patrick, we'll see. Wenn du mich fragst – deine Freundin ist einem dieser italienischen Hitzköpfe gefolgt, die in den Bergen herumspuken und brave Bürger vergraulen. Sowas wie... Garibaldi.
Ach du, meinte Maggie kühl. Du mit deiner Angst vor Revolutionen. Dir nimmt doch keiner ein Schaf.

Im Sommer 1891, nahezu nicht mehr erwartet, brachte der Briefträger Neues. Mary Jane Corrigan war offenbar auferstanden und schrieb aus Turin: *Sweetheart, verzeih'. Bin froh und gesund. Mein Posten in Wicklow ist frei, no teacher anymore, the mistress has finished her school. Wie anfangen? Well. Ich protegiere Heimarbeit! Im Vogna Valley werden nämlich Spitzen gefertigt, aber clevere Händler betrügen die Frauen. So lag es nahe, etwas dagegen zu tun.*
Mit Favros Schwägerin Clorinda, fuhr Mary fort, habe sie Freundschaft geschlossen und auf deren Tracht eben jene *puncetti* entdeckt: Applikationen um Handgelenke und Hals, im Ausschnitt sowie an den Ärmeln des leinenen Hemds. Sieben Mädchen alle Vorzüge einer Manufaktur samt direkter Vermarktung zu schildern, sei das Werk dreier Monate gewesen; unglaublich, welche Bedenken man habe ausräumen müssen. Nun also werde im Vognatal produziert.
Wie leben die dort? schrieb Maggie.
Und Mary postwendend: *Wenn Du Beispiele brauchst... Eine alte Bäuerin schalt kürzlich wegen meiner Liebe zum Schwarzbrot. Dieses grobe, steinharte Zeug sei der Schrecken des Winters. Sie hat exakt so viele Zähne im Mund wie als Säugling* – not a single one. *Ihrer Nachbarin gehören drei Hühner, der Vater ist verschollen, man munkelt vom Tod auf australischen Goldfeldern. Eine dritte würde gern klöppeln, doch Melancholie und Gicht sind stärker.*
For heavens sake, sprach die Gattin des Großgrundbesitzers. Poor people! Ich werde beten.

Unterdes gingen dreizehn Jahre vorbei.
Mary Corrigan war zur Protagonistin einer kleinen Schar fleißiger Frauen im Piemont geworden. Sie eilte von Stadt zu Stadt, von Land zu Land und von einer Messe zur nächsten, warb hier für Spitzen (mit klingenden Namen: *La strada del Maccagno* oder *Ti auguro un buon domani*) und dort für faire Vergütung, hebelte sehr souverän

jeden Handelsrivalen aus und hieß bald nur noch Lady Puncetto. Selbst die Freundin in Connemara nannte sie so.
Es gelang Mary gar, Königin Margherita von Savoyen höchstselbst nach Cà di Janzo zu bitten, worauf der Blätterwald diesseits wie jenseits des Atlantischen Ozeans rauschte: Daily News und The Queen berichteten, Ladies' Field, Daily Graphic, The Girls Own Paper, Donahoes Magazine und die New York Daily Tribune.
Deren Korrespondentin, Miss Duffy, notierte: *These hard-working peasants are like the bees of this region, living all the winter of the honey they make in the summer.* Kein Wort freilich davon, daß auch zwischen Spätherbst und Frühling im Vognatal weibliche Finger nicht ruhten, daß die vom Mähen, Sicheln, Heu- oder Holztragen krummen Gestalten bei blakendem Licht über diffiziler Handarbeit hockten und je Tag mit einer halben Lira entlohnt wurden.
Dieses Geld, erklärte Susan Duffy ihren Leserinnen Mitte April 1904, habe am Monte Rosa viel Kaufkraft. Es bringe Kaffee herbei, Medizin, warme Kleidung und zwei Meter Seidenband für die festliche Frauenfrisur einmal im Jahr.
Great, kommentierte Margaret solche Lektüre. Wirklich großartig. Macht Seide satt?
Steve Patrick Flynn winkte ab.

Zwölf Monate später erhielt das Ehepaar italienische Post. Marys Ganzfigur auf Karton – der Fotograf Giuseppe Ambrogioni hatte sie samt Tweedrock, Hut, Paletot, Stiefeletten und Schlips vors alpine Rollbild gestellt – lagen zwei Zeitungsmeldungen bei, welche verkündeten, daß die *Puncettaia Clorinda Favro della Val Vogna* zu Genua eine Goldmedaille errungen habe und Maria Andoli aus Casa Piacentino mit dem zweiten Preis bedacht worden sei.
Sie teilen der Welt mit, schrieb Mary Corrigan, *welche kostbaren Dinge das Tal birgt und wie kunstvoll die Berglerin knüpft. Jetzt arbeiten schon sechzig*

Acht fein angezogene Spitzenklöpplerinnen des Val Vogna um 1900. Ihre kleinen Kunstwerke sind heute unbezahlbar und nur noch in Museen oder privaten Schatullen zu finden. Wer ein originales *Puncetto* besitzt, ist stolz und hütet es.

Mädchen für mich. Wir haben den Zwischenhandel gestoppt, ich zahle bar und lasse Klöppelspitze, Gobelins oder Makramee exportieren. Manche Kundinnen bestellen bis von Kanada her. Splendid, meine Lieben! By the way: In Mr. Favros Hotel bleibt kein Zimmer mehr leer.
Darauf Margaret: *Werden Deine Girls durch den Erfolg nicht verdorben?*
If so, antwortete Mary, *I would disappear at the very same time.*

Sie schweigt noch immer, sagte Steve Ende Mai 1907 zu seiner Frau, als beide, mit dem Zweispänner über Feldwege holpernd, von Mannin Bay nach An Clochan fuhren. Der Abend war mild.
Maggie lachte: Schau dort, die Venus am Himmel! Fern wie Miss Corrigan. Vielleicht leuchtet Lady Puncetto als Evening Star?
Und Steve: What a funny idea.
Wieder daheim, trug der Nachbar O'Madden etwas herbei, von dem Margaret meinte, so sähen letzte Schenkungen aus. In Öltuch gewickelt lagen Marys irische Bibel, ihr Lorgnon und folgende Zeilen:
Verehrte Dame oder Herr. Diese Brief ist ubersetzt von Professore di Varallo. Signorina Maria hat gesagt Ihre Adresse Irlanda bevor gehen fort. Hier grosse Probleme macht Puncetto. Keine Vertrauen jetzt mehr, kein viele Lust fur Arbeit wenn kommt Geld nur in ein Tasche. Entschuldigen bitte alle Fehler nicht kann schreiben inglese genau. Mit hoflich Gruss Favro Marietta, Albergo Alpina, Casa Janzo, Valvogna, Italia.
Marys Eltern waren seit zehn Jahren tot. Da mangels weiterer Verwandter niemandem sonst etwas zufallen konnte, blieben Buch und Glas bei den Flynns in An Clochan.
Es bedurfte nun vieler Nächte zwischen Glauben und Wissen, bis erhellt schien, was Signora Favro hatte mitteilen wollen.
Sie haben wohl, faßte Steve Patrick zusammen, alle frühere Unschuld verloren. Erst wurde gemurrt, dann gemeutert. Manche Mädchen mißgönnten Mary deren Anteil am Deal oder spannen Intrigen

untereinander: Zahlt mehr! Seht meinen besseren Knoten! Als weder Mahnung noch Strenge verfingen, gab die Corrigan auf.

Du willst sagen –

Exactly. Ihr Werk ist dahin.

Mit Lady Puncetto starb ein Stück Leben im Tal. Nach langer Suche schloß Scotland Yard ihren Fall ab und strich Mary Jane in derselben Manier, wie verschwundene Schiffe aus Lloyds' Listen entfernt werden: Ursache ungeklärt.

Er war allein

Diese Lehrerin. Sie hatte Biß, denke ich, als mein Tape im Auto irische Lieder abspult. Mary Flahertys Beitrag gefällt mir am besten. Sie widmete *Yesterdays People* ihrer eigenen Mutter, deren Pub am Hafen zu Dingle beliebt war und die eine immer lauter werdende Welt trotz des Hörgeräts nicht verstand.

Da – das Ortsschild von Riva. Steinerne Engel mit Säule und Palmzweig, Kreuze und Grüfte hinter Zement. Ewiger Ruhm unseren Toten, Wolkenschleppen vor schwarzem Forst, der Hinweis auf Silvinos Rifugio Valle Vogna: fünf Kilometer. Es regnet. Kein Anfang, kein Ende.

What do we live for / and what do we seek? singt Finbar Furey.

Wirklich, sie könnten den Weg wenigstens flicken. Der Winter hat tief geschürft, Loch reiht sich an Loch, ich fahre langsam. Verdammte Borniertheit lokaler Behörden! Bis zum Sommer, wenn sich die Halteverbote zwischen Vogna sotto und Casa Janzo rechtfertigen, bis zur Hochsaison mit ihrer kurzen touristischen Fieberkurve ist es noch weit.

War ich lange fort? Die Häuser von Oro wachsen am Westhang des Vognagrabens: eine Kolonie brauner Pilze. Jetzt wirken sie wie frisch gebeizt, doch nach dem nächsten Adriawind heißt es Farbe bekennen, dann fehlt das Make-up und läßt keine falschen Schlüsse mehr zu.

Mein Schwarzes Tal ... Sind denn Possessiva erlaubt?

Wer hier ausharrt, gleicht einem Menschen auf dem letzten Pfeiler im Fluß. Der Steg vor und hinter ihm ist schon zerstört; er kann sich nur festkrallen und verhungern oder ins Wasser springen, das ihn fortreißt.

Finbar Furey singt: *Once we were young, we too had our dreams / to climb every mountain and see everything / but now we grow older and colder it seems / we're yesterdays people with yesterdays dreams.*

Das Fahrzeug steht gut in Casa di Janzo. *Ohne* Motor muß man sich Sant'Antonio nähern, wenigstens jetzt Anfang Mai. Es reicht schon, wenn im August mobile Naturfreunde mit Jeeps zu Vairas Locanda preschen, dort keinen Platz finden, fragen, erwägen, verwerfen, rangieren, wieder umkehren, anderswo suchen. Später dann starten sie vielbeinig und schlendern zur Brücke von San Bernardo, wo gerastet wird und hernach Plunder die Bergwiesen deckt.
Buon giorno Silvana, ciao Silvino. Come va?
Così-così.
Vaira weiß nicht, was er mit seinen Händen anfangen soll. Wir begegnen einander wie Leute am Bahnsteig, ich suche nach passenden Worten. Wo bleibt das grüne Signal? Warum hebt niemand die Kelle und erlöst uns von unserer Not?
Ecco. Signora Ferraris macht Ernst, indem sie schmunzelt. Ihr Lächeln ist unwiderstehlich: Komm' herein.
Eine große Güte liegt im Blick meiner Wirtin. Während ich die Kammer droben beziehe und Taschen leere, tut das plötzliche *Du* seine Wirkung.
Komm', hat Silvana gesagt.
Drei Tage verstreichen. *What do we live for?* Ich bummle ziellos herum, schnuppere Erdgeruch und frischen Saft in den Knospen, Schößlingen, Trieben. Schon welken wieder Krokusse, Anemonen, gelbe Himmelsschlüssel und rosa Mehlprimeln; auch die *galli*, deren

Name aufs Federvieh weist, sind fast hinüber. Sie vertrocknen wie alte Jungfern.
Ende April, sagt Silvino leise wie immer, haben unsere Matten karminrot geleuchtet: tutto pieno, tutto coperto. Sowas sieht man nicht oft. Wenn Remo statt zwölf Hennen fünfzig hielte, wär' jetzt alles kahl.
Warum Galli? frage ich.
Weil Hühner für dieses Kraut jeden Wurm vergessen.

Meine Bank im Lokal bleibt stets frei. Von dort aus, ein Fenster mit Tüll zur Linken, kontrolliere ich als selbsternannter Inspizient dieses kleinen Vogna-Theaters diverse Akteure und prüfe aufmerksam alle Leistungen. Mir fällt es dabei oft schwer, zu entscheiden, welches der Genres hier beste Noten verdiente. Operette? Musical? Schauspiel? Heute wird letzteres vorbereitet:
Auftritt, sechs Rollen. Monolog (Baggerführer Dario Capelli), Dialog (Dario-Silvana), mehrstimmiger Sprechchor (alle, außer Silvino). Solo (Maurer Gianni Carmellino), Widerrede (Giannis Schwester Paola), Applaus und Gelächter (alle). Szenischer Höhepunkt (Serviererin Nives Capelli: laut, unterstützt durch Paola). Fünf Sekunden Tumult, dann effektvolle Pause (Klingeln). Abgang Gianni. Monolog (Silvino: leise), Dialog (Silvino-Nives). Auftritt Gianni (schildert ein Telefonat), Kommentar (Dario). Sprechchor (alle, außer Dario) mit Pantomime (Nives/Paola). Ovationen und Abgang (alle).
Habe ich etwas verstanden?

Zwei Tage später wird deutlich, daß zuvor nur die Probe angesetzt war. Wieder hocke ich nun und lasse mir diesmal keine Silbe der Drei- bis Neunundzwanzigjährigen entgehen. Donnerstags treffen sie sich, denn eine Diskothek namens *Igloo* nahe Varallo ist nur an den

Cà Piacentino (1361 m). Dieses idyllische Bild entspricht längst nicht mehr der Realität. Die Mulattiera, Abschnitt einer alten Handelsroute Mailand-Lyon, mußte den Autos weichen. Dabei wurde ›großzügig‹ geplant und das störende Kapellchen Sant'Anna abgerissen.

Wochenenden geöffnet; man tritt im Rifugio gängigen Klatsch breit oder was *Canale Cinque TV* über jedes piemontesische Tal streut, es mag noch so versteckt liegen.

Die Brüder Luciano und Giuseppe Gens sind gekommen, Dario Capelli ohne Bulldozer, der flachshaarige Holzhauer Gianni Carmellino ohne Schwester Paola, Nives Capelli in Leggins und schließlich Roberto. Mit ihm (Stupsnase, wortkarg) erkenne ich nicht nur einen Zaungast der Benediktion von Peccia wieder, sondern auch den knüppelnden Hirten am Abzweig Maccagno-Valdobbia. Bald zwei Jahre ist das schon her.

Ich blättere, zur Tarnung meiner Person, im Maiheft der *Rivista della Montagna* und lese: *Corno Bianco – ein Dreitausender, bepackt mit Historie. Vor hundert Jahren haben Engländer seinen langen Nordwestgrat bezwungen ...*

La Val Vogna? Autor Spatola nennt es *wohl eines der schönsten regionalen Täler* und zitiert Don Luigi Ravelli, dessen Kenntnis zufolge weder Kapitän Albert samt Triangulierungsgehilfen in sardischem Auftrag das Weiße Horn überm Schwarzsee als erster erstiegen hat (1831), noch irgendwelche tollkühn kletternden Wilddiebe, sondern ein gewisser Bianco aus Alagna.

Er war allein, sagt die Kellnerin Nives. *Sein* Wunsch, erklärt Roberto Gens. Luciano: Wer nicht hören will? Und Dario Capelli: Niemand konnte den Roten verstehen.

Ich wundere mich hinterm Magazin, was hier wie ein Puzzle sortiert wird, aber je mehr ich selbst forsche, desto verwirrender wirkt das Bild. Doch nun juckt die Jagdlust.

Stört es, wenn man neben euch sitzt?

Überhaupt nicht!

Vielleicht, denke ich, daß auf Umwegen mehr herausspringt. Ein neuer Schauplatz muß her. Ob die sechs jungen Vognesi vom Corno Bianco und dessen Pionier Weiss (so sein Walsername) reden oder andere Dinge behandeln, wird noch ans Licht kommen. Also los.

Warum wohnt ihr im Tal? Sind Turin oder Mailand nicht besser, moderner?
Hör' mal, antwortet Giuseppe. Bei uns ist es anders als in der Stadt. Jeder kennt jeden und hilft auch. Das bringt's.
Corvée heiße dieses gemeinsame Tun zum Wohle aller, ergänzt Gianni. Dieser Begriff aus dem Val d'Aosta sei gültig geblieben. Ich möge nur an die Arbeit auf hochgelegenen Almen denken, ein Mann ohne Helfer gehe dort ein, deshalb hätten kluge Bauern schon vor knapp zweihundert Jahren etwas organisiert. Ihre *atti formali* bestimmten noch heute, wer wann und wo Schnee schaufeln müsse: Jene aus Le Piane hielten den Hauptweg bis Ponte Bernardo frei, der Rest zwischen Brücke und Kirche werde durch Leute aus Cà Morca oder Sant'Antonio erledigt.
Gratis?
Natürlich.
Dario nickt. Seine Mutter Giuliana hat in Cà Verno zwanzig Jahre lang Lebensmittel verkauft und vor kurzem kapituliert, weil sie es leid gewesen ist, allein gegen den Supermercato zu kämpfen.
Wohin führt das? fragt Giuseppe. Ein Bauer wie Ugo Carmellino erzeugt fünf Kilo Butter pro Woche und zwei Kilo Käse am Tag. Die Großhändler zahlen je Kilogramm durchschnittlich neuntausend Lire, der Liter Milch bringt vierhundert. Was bleibt ihm, wenn er selten genug mal ein Stierkalb abstößt? Acht- oder neunhunderttausend im Monat und Vaters Rente von fünfhunderttausend.
Maximal 1500 Mark, rechne ich um. Eher weniger.
Siehst du? sagt Luciano. Damit sollen dann zwei Mägen gefüllt werden. Ein Job bei der Monte-Rosa-Seilbahn fällt weg, weil die eigene Landwirtschaft drunter leidet. Wiesen versauern, Ginster rückt vor, Häuser verfallen. Was also tun? Viele Städter essen sowieso lieber preiswertes Holländerzeug oder haben Angst vor dem Cholesterin. Bald gibt's keinen Markt mehr für Butter und Käse aus dem Piemont. Ware von Bergbauern ist zu teuer.

Wenn ihr *mich* fragt, sagt Giuseppe, ich pfeife auf das, was die Wanderer lieben. Natur? Paradies? Nicht für uns. Dieses Tal wird doch abgehängt. Aus. Eine Falle schnappt zu, und wir stecken drin. Der Verkehrsweg von Riva nach Gressoney muß gebaut werden.
Nur zum Talschluß, meint Dario Capelli vorsichtig.
Mit Schranken, fordert Silvino. Mit dem Fahrverbot für die Fremden hinterm Lokal.
Es soll eine Straße sein, sagt Luciano, die das Val Vogna verläßt.
Oder wir verlassen das Tal, sagt Roberto Gens.
Dann stecken sie wieder ihre Köpfe zusammen. Sie geben sich flüsternd den Anschein, als sei die Barriere längst schon geliefert, rotweiß lackiert und im Boden verankert. Ich aber stehe jenseits des Schlagbaums. Mit mir trinkt man bestenfalls Wein.
Was wird gemauschelt?
Finalmente. War abzusehen! Selbst dran schuld. Nie gesucht, nicht gewollt...
Adieu, Realität.

Abends tritt der Wirt wie gewohnt vors Rifugio. Ich folge ihm. Wir schweigen die Dämmerung an, denn es gibt weder Frage noch Antwort. Unsere Blicke tasten sich längs des Kabels zum Weiler Cà Vescovo hinauf und begegnen dort, wo kein Mensch mehr lebt, dem Nacht für Nacht funzelnden Hoflicht.
Mit einem Mal schwindet jeglicher Zweifel.
Fernes Gebell. Totto? Birba in Rabernardo?
Also er! Luigi Vogna.
Sie haben ihn geholt, weil sein Hund über Tage hinweg sonderbar heulte. Man zögerte, kam zu Entschlüssen, schlug vor, hielt dagegen, stimmte ab und bat schließlich einen wackeren Mann, bei nächster Gelegenheit aufzusteigen. Der fand Vogna mit starren Pupillen im Bett, den Mund wie rufend geöffnet, die Rechte am Herzen, als wolle er etwas beteuern. Mindestens drei Wochen sei Luigi Giacomo schon

tot gewesen, hieß es später. Fremde Gewalt wurde ausgeschlossen. Man gab dem irren Tier eine Kugel, sicherte Crotto gegen Neugier, band Vognas Leichnam zwischen zwei Äste und zog ihn bergab.

Silvino, sage ich. Euer Einsiedler?
Vaira reagiert nicht.
Der Fuchs im Bau, das Verbrechen am Sohn aus Cinzano, die Schuld! Antoniolis Entführung!
Alles Geschwätz.

Stille heißt Tod

Eines Abends Mitte August bin ich ausgerissen. Der Tag dämmert, die Felsen am Hauptweg strahlen noch Wärme aus, alle paar Meter kommen mir italienische Eltern entgegen: maulende Kinder im Schlepp, verschwitzt, ausgelaugt, doch trotz Sättigung voller Glück bis zum Rand ihrer Seelen.

Incredibile, stöhnt ein Vater. *Fabelhaft, nicht wahr? Dieses Tal! Diese Einsamkeit! Aber trotzdem furchtbar. So wild!*

Genau das, was mir abging vor einer Stunde. Ich hatte auf den ruhigen Mittwoch gesetzt und die nächsten Zimmernachbarn für Freitag erwartet, als Silvana Ferraris-Vaira mich ins Gebet nahm. Es könne eng werden, sagte sie, etwa drei Dutzend Leute kämen und zehn oder zwölf übernachteten hier, allesamt vom Val Vogna begeistert, passionierte Radfahrer und seit Jahren im Sommer zu Gast. Ob ich eventuell anderswo ...?

Ja.

Das erste Ciclisti-Quartett war kurz nach siebzehn Uhr eingetroffen mit surrenden Speichen, sehr durstig, muskulös von Ferse bis Hals, dank grünweißroter Trikots sofort als nationales Gut erkennbar, stürmisch gefeiert und nicht zuletzt wegen ihrer göttlichen Rennmaschinen (Titan, *prima classe*) bestaunt. Giro d'Italia alla novarese! Bravi! Daccapo!

Jetzt, denke ich, feiern sie ihre Helden beim Aperitif. Alle sind Sieger. Keiner geht leer aus. Später jedoch, wenn beispielsweise – Schicksal, verschone uns – die *Squadra Azzurra* ebenso schmachvoll wie unverdient einer weiteren Fußballmeisterschaft hinterherlaufen sollte, wird gefragt werden: Weißt du noch? Wir? Damals in Sant'Antonio?

Nahe Le Piane, wo der Rio Cambiaveto sich mit dem Torrente Vogna vereinigt, stehen schon Sterne am Himmel. Rechts des Strudels mäandert ein Pfad zwischen glattgescheuerten Blöcken. Ob mein Experiment wohl gelingt?

Ich will nachts in Richtung Weißhorn laufen. Zum Corno Bianco, allein.

Man sieht ja dann. Oder auch nicht.

Piane di sopra umgehe ich, denn zwei Köter dort würden mich gleich als Risiko für den Hof melden. Nur das Trittgeräusch und mein schlüpfender Schatten bestätigen mir, nicht zu schwimmen oder auf der Stelle zu treten ohne Zweck, ohne Ziel, ohne Anfang und Schluß. Rasch geht es empor. Aber Vorsicht: die Kräfte. Sei sparsam! Gib nach.

Was gewinnt man bloß mit dem Versuch, wie ein Blinder herumzustochern? Zwar führt der Weg zum Weißhorn nicht mehr ins Fornotal, sondern offenbar mäßig markiert an den Seen Bianco und Nero vorbei, doch wenn erst das Mondlicht erlischt, wenn meine Stirnlampe flackert und stirbt, werde ich passen müssen.

Pause. Tief atmen. Die Karte her.

Sie nennt vier letzte entlegene Inseln, deren Namen an Arbeit erinnern, also daran, daß Kühe während Jahrhunderten im Juni, Juli, August und September durch scharfe Hunde von Weide zu Weide gescheucht wurden (diese Treiber mit ihren hypnotischen Augen), um sich vor Sonnenuntergang um melkende Hirten zu scharen. Ziegen zogen damals tausendfach übers kurze Gras des Val Vogna oder anderer Furchen namens Maccagno, Stella, Gianniuna, Fornale, Tillio, Valdobbia. Feuer qualmten sieben Tage je Woche unter Kupferkesseln und heizten die Milch, der Toma reifte ebenso dunkel wie kühl; gelbe Butter, in hölzerner Hohlform gepreßt, wurde huckepack talwärts befördert.

Alpe Spinale, Alpe delle Pile, Pile Vecchie, Rissuolo. Spinale: formloses Schwarz. Pile: per Abbruch verkauft, denn dort ist die Schutzhütte *Abate Carestia* entstanden. Pile Vecchie: keine Spur. Rissuolo: ein tristes Biwak des Club Alpino Italiano.

Ich halte an und bin fertig. Drei Stunden, ein Drittel mehr als zuvor kalkuliert, hat mich trotz meines schnellen Tempos in tieferen Lagen dieser Anstieg gekostet. Zehn Gehminuten hinterm aufgegebenen CAI-Stützpunkt braust der Rio Rissuolo. Er entleert mit silbernem Schwall den hier sich öffnenden See, das von Montata oder Larecchio aus nicht erkennbare Becken.

Am Ufer wippt weicher Grund. Die Wasserfee flüstert. Der Lago Bianco glänzt tatsächlich weiß zwischen Bergflanken, spiegelt nahe Gipfel und verleiht so dem Ort eine kristallene Transparenz. Wo sonst, wenn nicht hier, wäre Laurins Pforte zu finden?

Vor ihr liegt mein Zeltsack. Niemand darf den Zwergenkönig besuchen, es sei denn als Narr oder Träumer.

Ich erwache gerädert, frage die Uhr (viernullfünf), mache mir fröstelnd Bewegung, zerbreche Streichhölzer, huste laut, schimpfe leise, habe nach vier Versuchen Erfolg, lasse Brennstoff züngeln, mische Kaffee- mit Milchpulver, gieße auf, lecke den Löffel ab und schlucke das Antriebsmittel in kleinen Portionen.

Lago Bianco? Moorbraunes Glas. Nicht länger Spuk, obgleich man dem höher gebetteten Schwarzsee nachsagt, ein junges Ding habe dort vor Jahrhunderten seinen Brautschmuck verloren und des Omens wegen Übles befürchtet. Der Ring jedoch sei elfmal elf Tage später wieder zum Vorschein gekommen, 1500 Meter tiefer und sechs Kilometer entfernt beim Kupferbergwerk Resiga/Alagna. Die Quelle gurgelt noch heute, ihr magischer Sog ist dahin.

Vom Lago Nero meinen die Bauern auch: Wenn du Steine hineinwirfst, bricht ein Unwetter los.
Selbst wenn ich es wollte, würde Petrus nicht antworten. Der See ist vereist und schläft gepanzert; kein Singvogel landet hier, keine Steinböcke, Schneehühner, Gemsen, Murmeltiere oder Mäuse haben Dreck hinterlassen, selbst Adler und Dohle meiden den Keller am Südfuß des Weißhorns. Womöglich jetzt nur im Frost?
Mein Blick streift rechts den Vorgipfel des Corno Bianco, die soeben wie ein bengalisches Feuer entflammte Cima del Forno. Ich schiebe beide Stöcke ineinander. Nun sind Finger gefragt, zwei Stunden luftiger Kletterei ohne Probleme beansprucht mein Berg noch.
Doch zunächst: Risse, Rinnen, Quergänge, tückischer Schutt. Balance zwischen Schatten und Licht an der Trennlinie des Geschehens. Die sich steigernde Pulsfrequenz, als plötzlich vor mir etwas erscheint, das dem Strandgut ferner Regionen ähnelt – ein Tripus aus Holz, eine verrottete Landmarke. Dahinter Meer. Nicht pazifisch weit, kein Stiller Ozean ohne Ende, eher aufgelockert durch Inseln und Klippen: Punta Gnifetti, Castore, Polluce, Cervino.
Der ersehnte eigene Berg? Nurmehr speckiger Fels unter den Sohlen. Was war mein Wunsch wert, wenn schon wieder andere Pläne mich reizen?

Heute, am Feiertag Ferragosto, schenkt Mariä Himmelfahrt freundliche Stunden. Gegen sieben Uhr wird die Masse Mensch noch nicht den Lemmingen nacheifern, sich von Bozen bis Bari ins Blech zwängen und jenen fahrenden Pilgern folgen, deren mediterrane Regsamkeit unter *Libido rumoris* firmiert. Denn Trubel meint Leben, Stille heißt Tod. Besonders Italienerinnen haben zum Lärm eine erotische Bindung. Sie ziehen Partner ausnahmslos mit.
Rundum schaue ich und hafte bald an sechs grauen Punkten über Alagna. Mein Glas vergrößert die Flecken, holt eine weiße Kapelle

dazu, in der Sonne blinkende Dächer und Rauch, kleine Feldschnipsel, Wege, Wiesen und Wald. Das *Verlourni Tol*? Aber nein. Verloren wirkt dieses Val d'Otro nicht, von dessen sagenumwobenem Vorbild am Monte Rosa erzählt worden ist, Gletscher hätten einst seinen Zugang zertrümmert, es lebe ewig jung fort, nur könne kein Sterblicher mehr dorthin gelangen.
Wohltuend klingen die Walsernamen der Weiler. Ich spreche sie langsam aus: *Fel-le-retsch, Fol-lu, Dorf, Scar-pia, Weng, Pian-misu-ra.*
Vom Vognatal sehe ich nichts.

Und dann?
Elf Uhr oder zwölf. Zeitmessung spielt keine Rolle, mein Magen jedenfalls rumpelt. Von Piane di sotto her purrt Irma Jachettis Federvieh; sie selbst hockt wie betäubt in praller Sonne vorm Haus, neben ihr Tochter Ada, die Blonde. Irmas älterer Bruder Mario steht am Brunnen und trinkt aus einer Blechkelle. Ich nähere mich ohne Hast.
Salve, Signore-Signori.
Giorno.
Ich störe?
No.
Irma sitzt brettsteif, die Arme verschränkt wie zum Zeichen der Abwehr. Ein Gespräch, wenn überhaupt, kann nur unverfängliche Dinge enthalten, denn Mutter und Tochter lauern seit meinem Gruß auf den Rückzug.
Guter Sommer!
Senz'altro.
Wieviele Tiere hält man, Signora?
Zweiundzwanzig Ziegen, acht Milchkühe. Im Sommer vier fremde Rinder dazu.
Was wächst am Talschluß?
Gerste und Roggen gibt es nicht mehr.

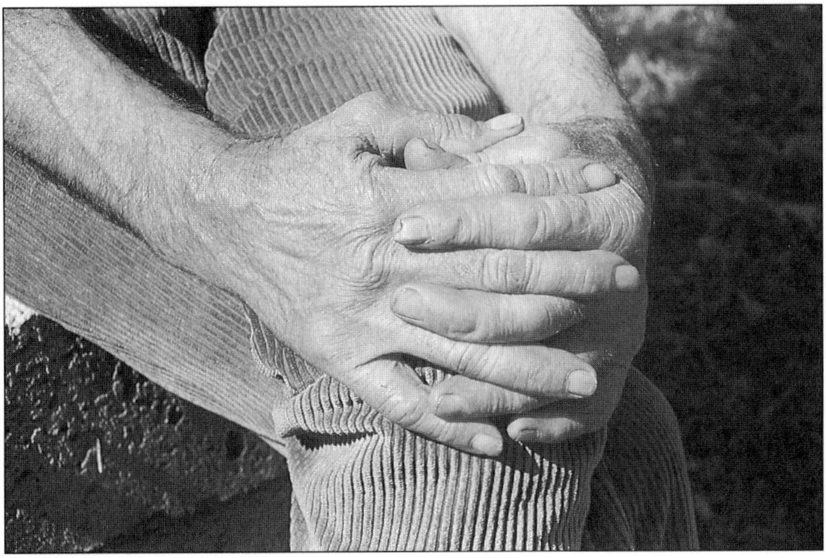

»Daheim bist du dort«, murmelt Mario Jachetti, »wo das Land deinen ersten Schrei gehört hat.« Für keine Milliarde würde seine Familie fortziehen. Marios Vater lebte von der Geburt bis zum Tod in Piane di sotto am Talschluß – 93 Jahre lang.

Aber sonst?
Kartoffeln und Zwiebeln, Sellerie, Lattich. Zucchini, Karotten und Kohl. Lauch, Erbsen, Bohnen, Hafer, Rüben und Rote Beete. Gesammelt wird Wildspinat, Spargel, Zichorie und ... Löwenzahn.
Die Eltern haben lange gelebt?
Papa ist mit dreiundneunzig gestorben.
Steiniger Boden hier!
Für keine Milliarde im Lotto würden wir fortziehen.
Daheim bist du dort, nickt Mario, wo das Land deinen ersten Schrei gehört hat. Der Mann lächelt, als wolle er sagen: Aber was hilft es? Dann zeigt er zum Haus und zur offenen Stubentür.
Die Polenta dampft. Irma schneidet den goldgelben Maispudding mit einem Draht. Lauch in Öl wird portioniert, man ißt rasch und ohne Behagen. Drei Köpfe beugen sich stumm über Teller. Morgens, mittags und abends, Monat für Monat, Sommer wie Winter – Gewohnheit.
Ich fühle mich fremd und bin fehl am Platz. Le Piane lädt weder ein noch aus. Kein Wort fällt, der Besucher scheint schweigend geduldet zu werden; wenn er wieder weg ist, wird man nicht mehr von ihm sprechen.

Am Tag nach Jachetti (bei Vaira-Ferraris sind alle Lieder gesungen, und Nives scheuert die Räume mit Desinfektionslösung) zieht es mich noch einmal in Richtung Corno Bianco. Diesmal, wie unter Strom, lasse ich Rabernardo hinter mir, steige rechts des Rio Cambiavej bis über zweitausend Meter zur Alm Pissole hinauf, quere Bruchholz und pausiere vor der Alpe del Gias. Sie gehört Michele Gabbio, einem *guida alpina* reiferen Alters, dessen meist grämliche Laune sich heben würde, wenn ich ihn engagierte. Aber das steht nicht zur Debatte. Führerprinzip? Vielen Dank.
Gias ist verriegelt. Ein zwei mal drei Meter großer Fels präsentiert Höhlungen und Kanäle; man kann sich solche Vertiefungen mit Talg

gefüllt vorstellen, an kleine okkulte Fackeln nomadisierender Bergvölker glauben, deren Gottheiten Felle trugen und jagten wie sie, die Beeren pflückten, in Erdkuhlen hausten.
Hast du diese Lichter schon einmal...
...gesehen, möchte ich fragen, doch Mario Carmellino erstarrt, sowie er mich auf seiner Treppe wahrnimmt.
Ihr?
Ich bin weglos unter einem violetten Himmel nach Oro gelaufen, immer den Kompaß zur Hand, vorbei an den Almen Casera und Staffa, durch Donner begleitet, von Fliegen umschwärmt.
Ihr, sagt Mario, will meine Finger kaum freigeben und wirkt trotz erster tastender Blicke freundlicher als vor zwei Jahren. *Avanti, zur Küche. Kaffee? Aber bitte, der Stuhl. Fort mit dem Hund. Fuori, Murina!* Seine Schwester, Herrgott, die habe ihn längst verlassen und wohne in Riva Valdobbia. Zu einsam sei es hier oben für Pia gewesen.
Content', wiederholt Carmellino ein ums andere Mal, *sono tanto content'...* Er sei dermaßen froh. Denn: Ich wußte schon, daß Ihr absteigt. Gestern hab' ich Euch inwendig vor meiner Haustür gesehen. Gleiche Hose, das Hemd, roter Rucksack, die Stöcke.
Und leise (mit wasserhell schwimmender Iris): *Io sono un mago.*
Ein Zauberer? Ein Prophet?
Sicuramente.
Wir schwatzen zwei Stunden. Murina schläft. Dachgebälk knarrt, während Mario sechsundsechzig Jahre Val Vogna aufblättert und zu der These gelangt, neu geboren zu werden sei ihm wahrscheinlich vergönnt. Dann werde er um die Welt fliegen und ein *Herr* sein.
Das sind Sie auch jetzt, wenn man so will.
Ihr macht Spaß?
Bestimmt nicht.
Ja nun, sagt er. Wiedersehn also!
Ich antworte: Arrivederla.
Oros Fenster fangen den Abend in Rosa und Blau ein. Nach Sant'

Antonio schlendernd wird mir bewußt, welche Töne talauf wie talab seit langem verstummt sind: Die des Schmiedehammers am Bach bei Le Piane, der zehn Kornmühlen Gola, Pose, Morca, Verno, Vas, Masere, Guglia, Rabernardo, Resiga, Montata und jene der Äxte im Hochwald.
Ein moosgrüner Sockel stoppt meinen Gang. War etwas?
Nichts. Kein Geräusch. Nur das Herz.

Besuch aus Amerika

Sie standen entfernt. Sie begannen näher zu kommen. Sie taxierten ihn und palaverten, doch er verstand ihren Dialekt nicht.
Bill Mino (der seinen Namen wie *Mainou* aussprach) trug Bermudashorts, eine Baseballmütze, zwei goldene Kettchen samt Kreuz, ein über die Hose hängendes Buschhemd in grellem Dessin, lila Socken und Tennisschuhe. Der Reisende war erstmals gesichtet worden zwischen Cà Piacentino und Casa Morca, krebsrot, schwitzend, aber niemand hatte mit ihm reden wollen. Er schien des Steigens ungewohnt und deshalb müde zu sein, eine mit Stars & Stripes bedruckte Stofftasche zog den Mann bald nach rechts, bald nach links.
Bullshit! Keine Bar weit und breit.
Aus seiner Sicht hätte man diesen Hotelier in die Luft jagen können, okay? Danach dann ein Longdrink. Wenn sie schon Coke für Teufelszeug hielten und statt Bourbon aus Kentucky ihren ewigen Redwine anboten... Ihm vorzumachen, der Weg hier herauf sei sogar für alte Weiber geeignet! *Silly people.*
Bill lehnte an einer grasbewachsenen Mauer. Es roch ringsum nach Kuh und nach Klamotten.
Die Leute tuschelten untereinander.
Wonderful Europe? Damned idiots. Er war als Tourist über den Atlantik gedröhnt in der viermotorigen Super Constellation, erwartungsvoll, froh, aber nun paßte nichts mehr zusammen. Sein privates Italien und das heute sich bietende Gegenstück: *forget it, old guy.*
Keine Palmen, kein Strand ähnlich dem von Thornton State Beach, weder bronzene Wölbungen noch die geringste Chance auf ein

would-you-like-to-come-with-me-sweet, um Bikini-Dolls elegant abzuschleppen.
William Mino aus Oakland/California dachte nach. *You're mad,* sagte er zu sich selbst. Du hast vielleicht schon verloren durch eigene Schuld. *No beauties, no dates!* Am Ende skalpieren sie dich. Eine falsche Bewegung, ein dummer Satz – ohne Geschenk hättest du niemals herkommen dürfen.
Aber die Bilder?
Der fußkranke Wanderer schnaufte erleichtert. *Oh boy.* Er kramte, wühlte, (wenn sie nur nicht so stierten mit ihren Knopfaugen) und rief endlich: *Whow! Here they are.*
Wie?
Jetzt schloß sich das Halbrund um ihn. Zwei braungetönte Kartons gingen von Hand zu Hand. Fast wie Reliquien wurden beide Fotografien betastet, von neuem erhob sich Gemurmel, doch offenbar niemand erkannte die Abgebildeten.
Unsere Leute? I nostri della Valvogna?
Man möge, meinte ein Bauer mit Weste und Hut, Don Andrea in Riva Valdobbia fragen, der hier seit drei Jahrzehnten als Pfarrherr amtiere, oder bei Signorina Terzoli klopfen.
Die Lehrerin? Ist gestern ans Meer gefahren!
Vero.
Indes ließen sie trotzdem nichts unversucht und zeigten Mino den derzeit Ältesten zwischen Morgen und Abend, einen vor seinem Haus zu Cà Verno im Schatten des Backofens dösenden Greis. Er wurde, weil taub, von zwei Seiten angebrüllt, nahm die nun schon fingerfleckigen Bilder entgegen, klappte den zahnlosen Mund auf und sagte:
Der da. Der Kamerad heißt Camillo. Achtzehnsiebenundsechzig geboren wie ich. Habt Ihr Nachricht? Würde mich wundern. Als mein Schulfreund erwachsen war, ist einer in unser Tal heimgekehrt. Alcide Graulo, ja. Aus Amerika. Und natürlich hat dann den jungen

Die alte Zeit kriecht im Schneckentempo, aber sie
hinterläßt dann und wann einen silbernen Rest.
Welche Chance hat der Esel gegen den Jeep?
Er begnügt sich notfalls mit Disteln, schluckt weder
Öl noch Benzin und kann seinen Kopf wenden.

Minoia, Camillo Minoia, nichts mehr gehalten. Wißt Ihr, wie er beim Heutragen tat? Hört zu:
Mam-ma (der Alte versuchte zu singen, was ihm zittrig mißlang) *dammi… cento…*
Oben gibt's noch ein Grundstück, erklärte die Frau oder Schwester des Patriarchen. Altes Zeug, nichts Besonderes. Am Weg von Oro nach Vescovo.

Drei sich barfuß in Steilwiesen krallende Kinder führten ihn hin. Farn wucherte dort auf mürbem Laub, zerschlagenes Mobiliar lag herum, Holz, Glassplitter, Blech. Bang war es Bill Mino bei diesem Anblick zumute, denn hier spürte er etwas wie Schicksal. Noch immer lebte das von schwarzen Käfern wimmelnde Grab, fand gleichsam keine Ruhe, forderte Rechenschaft.
Wo kommst du her?
Zu den Buben sagte er: Ich zurück. You know, folks? Minoia. *My* family.
Sie schwiegen. Helle Schöpfe. Eisblaue Augen…

Gleich scharf hatte Camillo damals geblickt, 1890, als Ercole Graulos Sohn über Nacht wieder da war, ein Witwer, sagenhaft reich, dessen letzter Wunsch nur darin bestand, nicht fern seiner piemontesischen Wiege zu sterben. Auch du kannst dein Glück zwingen, meinte listig Alcide Graulo (der jeden Grappa mit Kreide anschreiben ließ), erzählte von den kalifornischen Claims, wo man Nuggets wie Leseholz sammle und nannte die Neue Welt namens *Sutter* oder *Coloma* eine nie versiegende Quelle. Er war um 1850 Hals über Kopf emigriert, doch nach Graulos Tod kam die ganze Wahrheit ans Licht: Kein Geld, kein Gold. Lediglich Schulden beim Wirt und im Dorf hinter vorgehaltenen Händen Empörung.

Aber Minoia?
Sein Lieblingslied handelte von einem abgegriffenen Lappen, der das Land aller Seligen in sich barg:
Mamma mia, dammi cento lire / che in America voglio andar. Gib mir hundert Lire, Mutter, denn ich will weg.
Camillo gehorchte dem Rat des Turiner Agenten, fuhr auf Pump bis Cherbourg, wurde im Zwischendeck eines Dampfers nach New York transportiert, stand dort unter tausendmal tausend Einwanderern, den mit *M.C./Valvogna* bezeichneten Beutel nicht auslassend, rüttelte schließlich weitere zwanzig Tage lang als Passagier der Eisenbahn westwärts, lernte *job* als erstes Hilfswort – *yes/no* sowie *thanks* kamen später – und war schließlich am Ziel.
Sacramento klang gut! Wenn die in Vescovo davon hörten?
Er schrieb also: *Liebe Eltern. Sie bauen hier große Straßen. Habe Arbeit auf den Feldern gefunden. Man pflanzt Äpfel, Orangen, Gemüse und sehr guten Wein. Ich umarme euch.*
Noch zwei oder drei kurze Botschaften brachte die königlich-italienische Post, dann nichts mehr. Camillo Minoia tauchte ab, ging im amerikanischen Schmelztiegel unter, wurde weichgekocht und fühlte Wurzeln verkümmern. Frische Blätter entsprossen indes dem alten Stock dank einer resoluten Tessinerin namens Barbara Froda aus Valmoleno. Sie brachte Umberto (Berto), Marietta, Melchiorre und Leontina zur Welt, schaffte an, räumte auf, sah 1902 ihren Mann melancholisch werden, gab den Nörgler frei und verließ ihn.
Seine Kinder sangen: Val Vogna, Novara.
Minoia war jetzt fünfunddreißig. Man nannte ihn *Mino the strong one*, er galt als unstet. Zeitungen hatten von neuen Wundern im Bett des Klondike River berichtet; der breite Tananafluß wurde geschlämmt, dann Innoko und Porcupine. Bei Nome gar spülte die Beringsee das gelbe Metall an den Strand.
Magari a caval di una piattola / in America voglio andar! Selbst wenn ich eine Schabe reiten müßte...

Not? Keine Not. Diesmal flog ihm das Schicksal mit ausgebreiteten Armen entgegen. Camillo wollte dabei sein wie Alcide zuvor in Angels Camp oder Jackson, nun aber Bagger steuernd statt Waschpfannen schwenkend im Alaska- und Yukongebiet. Dort ging sommers der Tag nicht zur Neige. Dort gab es Gold.

Mutter, schwor Camillo, du kriegst dein Erspartes zurück. Hundertfach! Bei meiner Ehre.

Berto, sein Ältester, lernte das Gipserhandwerk und heiratete 1917 die Quäkerin Susan Whittier. Ihrer frommen Hartnäckigkeit war es zuzuschreiben, daß Mino junior nach Vaters Schicksal forschte und erfuhr, wo er lag: in einem Settlement dreizehn Meilen südlich vom eigenen Heim Sacramento entfernt. Elk Grove hieß die Ranch, deren Boß anno sieben den toten Digger aufgelesen und ihm ein Begräbnis verschafft hatte.

Zuviel Brandy? Zu wenig Heimat.

Val Vogna, Novara...

Eine Ecke von Oakland namens Piedmont, wohin er später gezogen war, erinnerte Umberto manchmal noch an etwas Unwiederbringliches. Solche *memories* waren nicht zu fassen wie der Nebel vor Golden Gate Bridge.

Dem jüngsten seiner drei Söhne ließ Bertos Traum keine Ruhe. William, alias Bill, landete 1944 mit General Clarks Armee in Italien und erlebte die Kußhände werfenden Einwohner Roms. Waren sie ähnlich begeistert dabeigewesen, als der Duce, ihr Imperator, tausend brutale Operetten vom Cäsar aller Cäsaren hatte aufführen lassen? Bill Mino wunderte sich. Doch das Schauspiel am Tiber ging trotzdem zu Herzen und stets, wenn er Grünweißrot flattern sah oder melodische Stimmen hörte, fraß in ihm eine Sehnsucht nach jenem Gestern, dessen Spur noch nicht völlig verwischt schien.

Dad, sagte der Pizzabäcker anfangs zweiundfünfzig zu Papa Umberto. Ich werde Großvaters *village* suchen.

Val Vogna. Novara?
Es kostete Nerven en gros bis er gelernt hatte, daß neben dieser alten Provinz seit Jahrzehnten eine andere existierte, nämlich Vercelli, und kein römisches Reisebüro dem gummikauenden Yankee klarmachen konnte, was der Betroffene selbst beim Blick auf die Landkarte sah: *Look there!* Ein kleines Bergtal am Monte Rosa.
Und so fuhr Bill Mino in den Ferrovie dello Stato nordwärts. Er wechselte am Turiner Bahnhof Porta Nuova das Transportmittel, feilschte keinen Moment lang, wurde ebenso liebenswürdig wie maßlos geschröpft und kurvte per Taxi nach Riva Valdobbia.
Damals war dieses Dorf im hinteren Valsesia noch nicht durch die heutigen Appartementblocks entstellt. Riva verfügte über ein solides, sauberes Gasthaus und sagte Camillos Enkel vom ersten Moment an zu, wenn auch der penetrant dienstbereite Patron des Albergo delle Alpi ihn mehr ärgerte als erfreute.

Bullshit again!
Tagelang war er gereist, Meile um Meile. Nun, da das Heim seiner Ureltern schimmelte und keine Sprache sich anbot, mit Trümmern zu reden, standen drei Jungen aus Casa Verno barfuß vor ihm und gafften.
In Jachettis Trattoria hockte Mino hernach am Fenster, trank sauren Wein, aß Brot und zählte die Fliegen. Wieviele krochen auf das vom Plafond hängende Leimpapier? Was unterschied ihn von denen?
Dem Wirt, Signor Lino, winkte er: Chef – Sie wissen doch mehr. Camillo Minoia ist vor sechzig Jahren aus Ihrer Gegend verschwunden. Er war der Papa meines Vaters.
Minoia? Man hat wohl so manches gehört. Rühren wir lieber nicht dran.
Warum?
Er setzte sich neben Mino, strich teerschwarzes Haar glatt und den

wie aufgeklebt wirkenden Kinnbart, betrachtete Bills Finger, die Teigkugeln formten, und sagte:
Also gut. Weil keiner mehr lebt. Sehen Sie am Osthang des Tals unter der Cima Bruciata das Dach? Zu jener Zeit waren zwei unserer Leute, Camillo Minoia und Bartolo Lupo, mit fünfzehn Rindern dort oben. Minoia stieg eines Augustsonntags ab und erzählte, sein Hütebub sei seit Mittwoch entlaufen, er brauche Ersatz. Sie haben gesucht, gerufen, alle Sträucher durchkämmt und beherzte Männer in Klüfte geseilt, aber ohne Erfolg. Camillo leugnete jede Schuld am Schicksal des Lupo, aber niemand wollte ihm glauben. Schließlich kam Alcide Graulo aus California zurück, und Ihr Großvater war wie verwandelt. Danach dann –
Stop it. Den Rest weiß ich selbst.
Signore, raunte jetzt plötzlich der Wirt. Man meint, es gehe um auf Laghetto Stella. Was halten Sie davon?
Bill schwieg. Er zahlte die Zeche mit großen Scheinen. Zuviel, widersprach Lino Jachetti und kassierte trotzdem, denn ein Gast darf nicht gekränkt werden.

Die Nachmittagsstunde war heiß. Grillen zirpten am Saumweg, Salbeiduft strömte, ein Esel schrie zum Erbarmen.
Guarda, il Straniero… Das Gerücht von Minoias Enkel, der als Milliardär aus Amerika angereist war, um hier Land zu erwerben, hatte sich verbreitet zwischen Montata und Servej, Vogna sotto und Rabernardo. Deshalb waren sie nun über Wiesen oder Äcker geeilt, Bauern und Bäuerinnen, Heureffen schulternd oder die *gerla*, den Korb. Standen um ihn herum auf dem Vorplatz der *Trattoria degli Amici*, rochen nach Mottenpulver und Schweiß, verschränkten die Arme, kauten Fingernägel, zeigten Zähne ohne zu lachen.
Was ist? fragte Mino.
Er sah sich bedroht, obgleich niemand Anstalten machte, ihm die

Kopfhaut zu gerben. Nur Blicke funkelten.
Nahm man ihn an? Oder wies man ihn ab?
Diese Augen! dachte er wieder. Dieses brennende Blau.
William Mino, die Rechte *relaxed* in der Hosentasche verborgen, setzte einen Fuß hinter den andern. So tappte er rückwärts. Sein Schritt wurde schneller, weil drei knurrende Hunde ihm folgten; sie verloren erst das Interesse, als Bill vor Cà di Janzo den auf Reviere geeichten Nasen entschwand.

Am selben Tag ließ der Amerikaner beim Wirt des Albergo die Rechnung kommen und einen Wagen Riva-Turin. Ins Gästebuch schrieb er: *Was looking for something. Didn't find it. Minoia, Oakland, U.S.*

Die letzte Herde

Das Tal liegt da wie ein Buch. Wieder blättert der Herbst drin, zerrt hinterm Haus an Silvanas gefrorenen Tüchern, orgelt ums Rifugio, läßt Läden klappern, schickt Regenschauer im Dutzend und vermischt sie mit körnigem Eis.
Hundertmal tausend Jahre ist es her, daß ein Gletscher dieses Val Vogna gehobelt hat. Jetzt muß man sich mühen, auf dem glatten Fels noch Spuren zu finden, von Südwest nach Nordost weisende Schliffe, längliche Kerben.
Die Parkbucht zwischen Locanda und Kirche: Nasser Sand, Asphalt, ein paar Pfützen, zerbrochenes Plastikspielzeug. Zwei der vier Kinder besuchen inzwischen die Schule. Sie sind groß, und wenn ich ihre Fortschritte lobe, lächeln Daiana wie Emanuele bescheiden, denn mir gegenüber haben sie keine Allüren. Ich gehöre schon fast zur Familie; mein Kommentar gegen Abend während der Schreib- oder Rechenübungen im Lokal, wo Filiberto auf Mutters Kühltruhe hampelt, wird respektiert. Außerdem lernt die Tochter deutsch bei zwei jungen Frauen aus Riva und ist stolz, wenn ich morgens verschlafen Kaffee trinke, ihren nächsten Treffer melden zu können:
Gutten Tack. Wie gettes Innen?
Jeden Bereich im Valsesia schmückt seit alten Zeiten ein Tier. Für Alagna steht symbolhaft der Adler, anderswo gelten Hirsch oder Schwein, hier die Eidechse, und ihr Name *lucertola* erinnert an *luce*, das Licht. Mir gefallen diese winzigen Lindwürmer, ihre pochenden Kehlen, und ich habe sie oft ohne Absicht vertrieben, wenn mein Kurs einsame Alphütten streifte. Aber es gab auch Momente der

Ruhe, des beiderseitigen Wartens auf Regung. Dann hielten wir hüben wie drüben atemlos still.

Heute hat Silvino ein neues gereimtes Sprichwort serviert. Wolken erwärmen den Tag, sagte er, *la nuvolosità / d'la matinà / ascaldà / la giornà.*
Was nimmst du dir vor, fragt Vaira, wohin willst du noch wandern? Mach' Schluß. Nur Fremde sind dauernd unterwegs.
Ich antworte: Stimmt. Einmal geht das zu Ende, mein Leben dauert nicht ewig. Doch für mich gibt es kein Bleiben. Zugvögel dürfen nirgends daheim sein. Sie fliegen....
...und kommen wieder.
Vielleicht?
Hart wird die Haustür geöffnet, hart schlägt sie zu. Stiefel poltern im Flur; es tönt, als wenn einer schwer schleppte, jemand hustet, niest, spricht vor sich hin und läßt den Wirt horchen.
Remo, sagt er.
Der Bär?
Es ist tatsächlich Orso, bei dessen Auftritt sich meine Haare sträuben, denn niemand wird ohne Grund brüskiert; etwas an oder in mir muß dafür verantwortlich sein, daß ein Klotz mich wie Luft behandelt. Aber warum? Habe ich ihm irgendwann die Suppe versalzen, ihn mit Worten gereizt, die er schnappte wie der Raubfisch den Blinker? Mittlerweile freilich hängt statt des Bauern ein Gast von Silvino am Haken, und er... Merda! Dieser Lump sieht sein Opfer nicht einmal zappeln.
Ich stehe gespannt. Drei Schritte, und ich kann jede Pore seines Gesichts erkennen: ledern, gegerbt; eine Landschaft mit Kratern und Furchen, in der man sich, ortsfremd, verliert.
Buon giorno, sage ich.
Er: *Comä?*

Guten Morgen!
Remo: *Salve.*
Schöner Tag, Signor Orso!
Er wieder: *Ciao.*

Eine Stunde drauf sitze ich im Gras bei Ovago. Die heuer früh verlassene Alm duckt sich hinter mir samt ihrem Blechdach, es nieselt, ich schnuppere Qualm, der vom Gegenhang her übers Tal schwebt. Vor Piane di sotto verbrennen sie offenbar Disteln. Aus dem höher gelegenen Hofgeviert Sopra tritt jemand ins Freie; mit Hilfe meines Fernglases orte ich Vilmo Negro, den schweigsamen Neffen des Wegmachers Giovanni. Vilmo leert manchmal mehrere Becher Barbera an Vairas Theke, obwohl ihm der Arzt wegen seines Magens jeden Alkohol strikt untersagt hat, und wenn er während solcher Sünden zwei- oder dreimal *hmmm* zur Unterhaltung beisteuert, ist das enorm.
Vilmo Negro also verläßt Le Piane. Ein Hund folgt im Trott, die Schnauze am Boden. Und dann bin ich sprachlos. Was jetzt passiert, wird kein Städter jemals begreifen.
Arme wedeln, Finger deuten (*via! via!*), zwei Wollbündel jagen einander, die Tür von Piane di sopra fällt zu. Überblick: Hier der Hof, mindestens tausend Meter entfernt gelbe Lärchen, Fichten, rostfarbene Höcker und kahle Kuppen. Das Hundepaar trennt sich. Plötzlich wird Leben umzingelt – eine Herde Geißen, deren Leittier scheut, denn es hat seine taktisch klugen Widersacher nicht gleich erspäht oder ihr Raffinement unterschätzt. Finale: Der Treck zieht geschlossen in Richtung Haus, durch die bellenden Spezialisten straff dirigiert, und kein anderer Hinweis lenkt sie, keine menschlichen Rufe sind nötig, damit Ziegen zum Stall finden.
Gelenke knacken, als ich mich dehne. Seltsam, wie schwer mir heute der Rucksack vorkommt. Das ganze Tal lastet auf meinen Schultern,

seine Abseitigkeit stimmt mich düster. Am Colle Valdobbia wächst eine Wolkenwand. Sie droht lautlos zu kippen.

Da! Der erste Blitz. Ein vielfach verästelter Baum überm Ospizio Sottile, ein lila zuckendes Band und dennoch kein Donner im Herbst.

Negro?

Er sitzt dort, wo Ende April 1986 eine Lawine das alte Genossenschaftshaus von Le Piane zerstört und Sopra wie Sotto *durch ein Wunder* verschont hat. Auch die Kapelle Mariaschnee wurde damals rasiert. Ihre Reste rutschten bis über Riva hinaus.

Camillas Sohn richtet sich auf und stiefelt bergwärts. Auf dem Saumpfad unter Cambiaveto erscheint eine kleine Gestalt; ihr Gang kommt mir vertraut vor, so läuft nur der sture Bekannte: gebückt, ohne Hast und trotzdem schnell. Demnächst quert er den Fluß.

Hinter Irma Jachettis Alm habe ich Remo eingeholt, Cavallirio bleibt links liegen. Meine Brust wird eng. Wenn dieses wilde Wesen so weitermacht, können sie für mich die Ambulanz anfordern.

Dunkle Drillichhose, mit groben Stichen geflickt. Zwei beschlagene Absätze. Der Stock. Stallduft und ranzige Butter. Das kaum hörbare Keuchen. Jetzt hält Remo an, Gottseidank.

Wir verschnaufen auf mittlerer Höhe zwischen Peccia und Fornale di sotto. Über uns Vilmo. Besucht er Narchialli? Exakt. Das große Sammeln des Rotgesichtigen findet heute und hier statt, dem letzten Viehzug dieses Jahres werde ich ohne eigene Absicht als kleinstes Tier einverleibt, und nun graupelt es plötzlich, kaum erkennt man die Hand vor den Augen.

Orsooo!

Nur Windstöße antworten und ein fernes, rabiates Bellen.

Schon füllt der Grieß Remos Trittspur, aber ich kann mich noch orientieren. Die Sonne lugt dann und wann durchs Gewölk, blinzelt Zuspruch und läßt schließlich jenseits des Wassers, das vor Fornale di mezzo springt, alle Wetterfurcht schmelzen.

Wir stehen im Kreis. Lidia verteilt Gläser und schenkt Schnaps ein, auch ich werde zum Trinken ermuntert (*sieh mal da, du bist hier, zur Gesundheit*). Sieben Männer schauen an mir vorbei, ob gezielt oder weil sie Giorgios Befehlen lauschen, bleibt offen.
Giorgio Narchialli: Ciao, Tedesc'. Va bene? Bravo. Allora! Felice, Vilmo und Mario zuerst mit sechs Gäulen. Roberto, Walter und Remo nehmen die Rinder, Attilio paßt alle Nachzügler ab. Lidia? Wo treibt Germano sich wieder herum? Ger-maa-no! Nichtsnutz. Er ist fürs Fohlen da, wir beide treiben Schafe und Ziegen. Los geht das Ganze! Eh' wir noch einschneien.
Im Vorhof des Winters ruht schon Fornale. Giorgios Alm sinkt hinter unseren Rücken zur Seite, sie wirkt wie ausgebrannt nach hundert Tagen, ihr Kamin schickt nicht länger blaue Spiralen zum Himmel, ein aus Stein mörtellos aufgemauerter Pferch ist vom Kot dreier Monate schwarz.
Hoooj! ruft der junge Mario Pollet. *Bimbo ... Forza!*
Und die Kühe des Biellesers trotten bergab mit wiegenden Flanken, feuchten Schnauzen, glotzäugig, stur. Einen Sommer lang sind ihre Euter morgens und abends massiert worden, haben fette Milch in Blecheimer strullen lassen, pendeln nun schlaff.
Vaivaivai!
La corvée, das Gemeinwerk, führt Tiere und Menschen zu Tal. Im Val d'Aosta wird die beste Braune noch mit einem Latschenzweig oder buntem Band dekoriert, aber hier vollzieht sich der Wechsel von oben nach unten prosaisch. Bloß keine Faxen.

Als wir in Sant'Antonio einlaufen, spielen zehn Ziegen Theater. Sie hüpfen herum: kokett, kapriziös; Autos mit Mailänder Nummern werden erklettert, verschrammt und zerkratzt. Sofort blöken die Schafe, machen gähnende Helfer mobil und rufen Giorgio (dessen Faust am Tresen bereits Vairas Wein ordert) auf den Plan.

Abtrieb von Fornale nach Riva. Narchialli, der Bielleser, hält das blökende Kapital zusammen. Fell und Fleisch bringen Geld. Freilich wäre Giorgio ohne die Helfer des Vognatals arm dran: Wohlstand allein oder starke Sprüche reichen nicht weit.

Was tut er?
Wenn der Ethnologe Niederer recht hat, reagiert Narchialli normal. Er mißhandelt sechs harmlose Säue, die ihre Nüstern grunzend aus Felice Fanettis Kleinlaster recken. Stockhiebe hageln, Giorgio flucht, das rosa Gedrängel im Stroh trifft um Haaresbreite der Schlag.
Arnold Niederer schrieb dazu indirekt, es gehe nicht an, einer Dorfgemeinschaft à priori gegenseitige Liebe zu unterstellen. Der Umgang miteinander sei nüchtern, denn *Sentimentalität entsteht erst dort, wo die Macht persönlicher Bindungen verschwunden ist und dem Gefühl der Vereinsamung Platz gemacht hat.*

Abend im Rifugio Valle Vogna. Dämmerung draußen, Stille ringsum. Das Lokal leer bis auf die beiden Wirtsleute, Orso und mich. Der Nachbar stiert vor sich hin. Silvino sagt: Finito la stagione. Diese Saison war... naja. Wenn Sindaco Severina unsere Pacht verlängert, haben wir Glück.
Vaira? Um ihn ist mir nicht bang. Seit während des letzten Sommers ein Mensch von der Alpe Laghetto Gianniuna aus nach Sant'Antonio funkte, daß er beim Klettern gestürzt sei, bewußtlos zwischen Blockwerk gelegen habe und dem komischen Kopf nicht mehr traue, erst seit diesem Tag kenne ich den Patron. Er trug seinen Halbbruder Giulio zwei Stunden lang auf dem Rücken ins Tal ohne ein Wort zu verlieren. Dafür braucht man mehr als nur Muskeln und Knochen.

Nottä!
Ciao Remo. Gute Nacht.
Was? fahre ich hoch. Mir schon wieder kein Gruß?
Silvana: Ach so. Natürlich, du weißt nichts. Seine Augen sind schwach. Der *hört* schlecht. Er ist fast taub.

Jetzt, sage ich, muß aber mehr über Remo Orso erzählt werden.
Warum? fragt Silvino.
Ende sechzig und allein, antwortet meine Gastgeberin. Hier geboren, wird auch hier sterben. Hat keine Familie. Für Daiana ist er ein zweiter Großvater, Leonardo geht dem alten Bauer beim Hüten und Melken zur Hand. Doch die wichtigste Sache: Remo liest. Mein Gott, wieviel ihm das Lesen bedeutet! Ob Bücher, Magazine oder Zeitungen, Lexika, Bibeln, er wird alles respektvoll behandeln. Nächtelang entziffert unser Nachbar Wort für Wort mit seiner Lupe.
Ein Buchstabenfreund?
Mehr noch. Remo Orso ist dem Gedruckten verfallen.

Das Fenster

Man geht schlafen. Die Fahrt wird anstrengend werden. Vom Val Vogna Abschied zu nehmen, macht traurig und kostet vielleicht sogar Mut.

Jemand wälzt sich. Einer träumt, phantasiert, kommt zurück: dorthin, wo er vor ewiger Zeit viele Wochen erlebt hat zwischen Wärme und Kälte, Neigung und Weigerung, Freundschaft und Mißtrauen. Unser Mann ist weiß geworden. Er schwankt (die Hüfte, der Kreislauf) und versteckt seine Schwerhörigkeit. Blasse Bilder bewahrt er im Kopf, denkt *hoffentlich kennt mich kein Mensch mehr* und sehnt doch etwas wie *ciao tedesco* herbei, das *ja-sowas-der-Deutsche*, den staunenden Gruß.

Aber nein. Nichts von alledem.

Schon dieser Fahrweg hätte ihn warnen müssen. Weg? Dreispurig, sechs Meter breit. In Sant'Antonio fünf Pensionen gestaffelt am Hang (La Montanara, Walserhof, Edelweiss, Stella del Lys, Rododendro) samt Motel und Markt. Eine Tiefgarage mit vierhundert Plätzen, wo früher Angiolina Gens ihre Kartoffeln steckte; statt Remos Haus zwei perfekt nachgebaute Heuschober, die fürs Residieren auf eigenem Grund werben: vendita immobili rustici.

Immerhin, murmelt der Gast, wenigstens das Rifugio ist noch da. Vaira dürfte nun Rentner sein, wenn er...

Chiuso. Geschlossen.

Locanda Valvogna? heißt es im Shop neben dem Kirchlein. Wir sind nicht von hier. Aber man redet davon, daß die Gemeinde Riva den Schuppen verkauft hat. Alles wird schöner, Signore!

Gressoney 18 km – Funivia Corno Rosso 3,5 km, läßt ein Schild wissen und verspricht via Kabinenbahn *una panorama magnifica*. Gauner, entfährt es dem Fremden, als er *Megalp Invest S.p.a.* liest. Trotzdem löst er Mautchips. Eine Schranke surrt hoch.
Wiesen? Gestrüpp. Weiler? Ruinen. Bei Ponte Bernardo die stinkende Autoschlange, am Bach nahe Peccia zwei Caravandörfer, Freibad, Tennis und Golf; weiter oben längs der Paßstraße gegen Sottile das neue Hotel Nicolao – je nach Sonnenstand drehbar, zwanzig Ebenen, ringsum verglast.
Und des großen Vorbeters Ruf schallt vom Himmel: Moneeetaaa!
Ich erwache.

Du hast schlechte Stunden hinter dir, sagt Silvino. Kaffee?
Jeder Muskel im Leib spannt, die Brühe schmeckt flau. Welches Datum haben wir heute? Egal. Trennung steht an, bei Nacht werde ich fahren ohne Händedruck oder Winken. Ein Rundgang im Tal aber soll mich davon überzeugen, daß Vision und Realität nichts miteinander zu tun haben.
So steige ich denn nach Rabernardo hinauf. Unter meinen Schuhen knirscht Schnee. Der frühe Winter entblößt, indem er bedeckt: schmale Ackerterrassen stricheln das steile Gelände. Vor seiner Casa Nova sitzt Marino neben dem grienenden Ugo, die Selbstgedrehte im Mund, erkennt mich am *salve* und sagt:
Da bist du. Wer hätt's gedacht.
Ich aber: Wir werden einander noch oft sehen, Carmellino!
Ma no.
Seletto und Cambiaveto sind verwaist. Keine Wespe schwärmt mehr, mein Fuß tritt Nisthülsen platt. Im Wald nahe Piane di sopra wird Holz geschlagen, doch auszumachen ist niemand. Die Sonne schafft es nicht länger, alle Schneisen und Lichtungen scharf zu beleuchten. Peccia bietet weiterhin *burro e formaggio nostrano*; ein kleiner Bluff,

kaum der Rede wert – Roberto Gens' Vieh mampft seit Wochen Winterheu in Cà Morca.
Montata liegt leer.
Am Corno Rosso wölkt Nebel. Zwischen Peccia und San Bernardo hält mir das Val Vogna meine längst vergessen geglaubte Ankunft vor Augen. Giovanni Negro aus Piane hackt Eis und streut Erdbrocken auf den Weg. Hemd und Hose sind unverändert dieselben. Er grüßt, seine Stimme ist rauh, sie klingt zugleich hell wie die eines Kindes: Buon giorno.
Kein Wohin, kein Warum. Weder Bedauern noch Freude.
Denn bevor du kamst, war ich schon da, und wenn du gehst, werde ich immer noch sein.

Vaira, der Wirt, steht ratlos vorm Küchentisch. Silvana lächelt: Ist was im Zimmer geblieben? Daiana, schau' nach. Ob ihr daheim wohl schon Schnee habt? Leonardo, Emanuele, Filiberto! Her mit euch. Wünscht ihm gute Reise.
Lebewool, spricht Daiana.
Die Nacht nimmt mich auf. Niemand folgt mir, ich gehe allein. Wo sonst gibt es so viele Sterne?
Und da –
Remo.
Orangegelbes Fenster, verschlossene Kammer. Orso studiert. Er blättert und staunt, läßt seine alte Welt wie im Flug hinter sich und findet das Neue: die Glücklichen Inseln.
Ein Entdecker. Der letzte im Tal?

Mein Freund Ennio Fanetti sagt, diese Leute hier oben habe man bisher nicht hinreichend ernst genommen. Sie seien verlacht worden. Jetzt aber wisse er um ihre Würde.

Nochmals Rabernardo. Dächer aus Stein, drei Stufen bergab. Wenn keine Hand mehr lose Platten zurechtrückt, stirbt jedes Dorf.

Postskriptum

Das Val Vogna ist ein kleines, am italienischen Stiefel gemessen sogar äußerst kurzes Tal südlich des Monte Rosa. Es erstreckt sich auf knapp sieben Kilometer Länge ohne die beiden hinteren Seitentäler Valdobbia/Maccagno. Sechs seiner 15 Dörfer oder Weiler sind nach wie vor ganzjährig bewohnt, alle zusammen liegen zwischen 1271 und 1638 Meter Seehöhe. Von 38 Almen des Haupttals werden derzeit nicht mehr als 13 genutzt, oft bloß für wenige Wochen, denn das traditionelle Wandern von Alpe zu Alpe (*transumanza*) konnte bis heute da oder dort überleben.

Die Landflucht spiegelt sich wider im Zahlenvergleich: Anno 1708 wurden 19 Siedlungen registriert, in denen 111 Familien mit 534 Personen hausten, zwei Jahre später verzeichneten die Bücher des gesamten Kirchensprengels Riva 26 Geburten und 40 Todesfälle, das Vognatal selbst leerte sich dann während des 20. Jahrhunderts wie niemals zuvor (1904: 294 Bewohner, 1936: 165, 1971: 88 und 1991: 52). Mittlerweile überwintern in den erwähnten sechs Dörfern gerade noch 31 Leute, unter ihnen vier Kinder; zwischen Frühling und Herbst kommen 29 Einheimische hinzu, die winters in Riva Valdobbia oder anderswo leben.

Wer im Val Vogna wandern möchte, muß wissen: Nur ein einziges Gasthaus bietet Kost und Logis, nämlich das *Rifugio Valle Vogna* in Sant'Antonio (1381 m). Es verfügt über 16 bis 20 ebenso schlichte wie saubere Schlafplätze. Da das Tal keine Ströme von Fremden erträgt, wäre es besser, entweder in Alagna zu übernachten und jeweils von dort aus aufzusteigen – Fahrstraße bis Sant'Antonio, wenige Park-

Vor dem ›Rifugio Valle Vogna‹ in Sant'Antonio. Sie wollen bleiben: Die Wirtsleute Silvino Vaira und Silvana Ferraris mit ihren vier Kindern.

plätze vor Cà di Janzo – oder die drei im Hochsommer teilweise geöffneten Hütten / Stützpunkte *Ospizio Sottile*, *Rifugio Abate Carestia* und *Alpe Maccagno* zu wählen.
In jedem Fall gilt: Wer dazu bereit ist, den Lebensraum piemontesischer Bergbauern als eigene kulturelle Sphäre zu achten, wird ihnen nicht schaden und gleichzeitig für sich selbst profitieren. Die letzten Bäuerinnen und Bauern des Vognatals bedürfen weder der zweifelhaften Segnungen eines oft aggressiv-ignoranten Massentourismus' noch sind sie museale Schaustücke. Interesse, Respekt und Verständnis tun ihnen gut.

Anhang

Lektüre

In deutscher Sprache gibt es nur wenige Publikationen, die das Val Vogna zumindest am Rand thematisieren. An erster Stelle sei ein lesenswerter Kulturwanderführer des Schweizers Kurt Wanner genannt: *Unterwegs auf Walserpfaden* (Verlag Bündner Monatsblatt, Chur 1993). Gleichermaßen interessant der schöne Bildband von Peter Donatsch: *Walser – Geschichten vom Leben zwischen den Bergen* (Bündner Monatsblatt, 1994), der unter anderem Alagna und Gressoney behandelt. Zum Vognatal siehe auch Eberhard Neubronner: *DER WEG – Vom Monte Rosa zum Mittelmeer* (Verlag J. Berg bei Bruckmann, München); dieses bebilderte Buch schildert eine fünfzigtägige Durchquerung der Piemontesischen Alpen auf dem Weitwanderweg ›Grande Traversata delle Alpi‹/GTA.

Führer/Karten

Ordentliche Dienste leistet ein kleiner Führer des Club Alpino Italiano (CAI), Sektion Varallo: *Guida degli Itinerari Escursionistici della Valsesia*, dem eine Karte ohne Höhenlinien im Maßstab 1 : 25.000 beiliegt. Das Heft wird in Alagna und Riva verkauft, es enthält alle markierten Routen rund ums Val Vogna. Weitere empfehlenswerte Karten: *Monte Rosa/Alagna/Macugnaga/Gressoney*, 1 : 25.000 (Istituto Geografico Centrale/IGC, Torino) sowie *Monte Rosa, Alagna e Macugnaga*, 1 : 50.000 (IGC Nr. 10) mit Anschlußkarte *Cervino-Matterhorn e Monte Rosa* (IGC Nr. 5). Diese drei Wanderkarten sind über den Buchhandel erhältlich bzw. direkt von Alpina Buchversand, Hans Neumann, Friedenstr. 4, 85609 Aschheim, Tel. (089) 9037655, Fax (089) 9035100. Als große Umgebungskarte eignet sich *Aostatal-Piemont*, 1 : 200.000 (Kümmerly + Frey).

Literatur

Bätzing, Werner: Die Alpen – Entstehung und Gefährdung einer europäischen Kulturlandschaft. München 1991.
Balmer, Emil: Die Walser im Piemont. Bern 1949.
Bellosta, Roberto und Sergio: Valle Vogna – censimento delle case di legno. Gozzano 1989.
Bergdolt, Klaus: Der Schwarze Tod in Europa. München 1994.
Bini, Gianfranco und Bechaz, Sandrino: Dort oben die Letzten. Pera-Milano 1980.
Breßlau, Harry: Zur Geschichte der deutschen Gemeinden im Gebiet des Monte Rosa und im Ossolathal. Berlin 1881.
Carestia, Antonio: Il Corno Bianco tra il Colle d'Olen ed il Colle Valdobbia nell'Alta Valsesia. Turin 1869.
Carlesi, Piero: Indagine toponomastica in Valle Vogna (Folgen 1–4). Varallo 1987–91.
Ders.: L'origine dell'antica famiglia dei Gualcio di Valdobbia (Corriere Valsesiano 38/91). Varallo 1991.
Clerino Giacomo, il paesano montanaro. Ivrea 1864.
Escher von der Linth, Hans Conrad: Tagebuch 1797 (unveröffentlicht).
Fontana, Elvise: Inverni valsesiani. Borgosesia 1983.
Ders.: Storie di antichi inverni. Varallo 1991.
Giordani, Giovanni: La colonia tedesca di Alagna-Valsesia e il suo dialetto. Varallo 1927.
Hinchliff, Thomas W.: Summer Months among the Alps. London 1857.
Lana, Girolamo: Guida ad una gita entro la Vallesesia. Novara 1840.
Lynch, Emily: Valle Vogna and its Lace Industry. Davos 1905.
Maeder, Herbert und Kruker, Robert: Hirten und Herden. Olten 1983.
Manni, Eugenio: I campanili della Valsesia. Varallo 1979.
Merisio, Pepi: Leben zwischen den Bergen. Zürich 1979.

Miles, Edwin J.: Byeways in the Southern Alps, Zürich/London 1893.
Murray, John: Handbook for Travellers in Switzerland and the Alps of Savoy and Piedmont. London 1858.
Niederer, Arnold: Alpine Alltagskultur zwischen Beharrung und Wandel. Bern 1993.
Pagliano, Emilio: Riva Valdobbia e la Valle Vogna. Turin/Rom 1907.
Ragozza, Erminio u. a.: Alagna Valsesia, una comunità walser. Borgosesia 1989.
Ders.: Gente dell'antica Valsesia (Vol. II). Novara 1980.
Ramuz, C. F.: Das Dorf in den Bergen. Zürich 1942.
Ravelli, Luigi: Valsesia e Monte Rosa. Novara 1924.
Rizzi, Enrico: Geschichte der Walser. Anzola d'Ossola/Chur 1993.
Ders.: Sulla fondazione di Alagna. Novara 1983.
Ders.: Walser Regestenbuch. Anzola d'Ossola 1991.
Scheuermeier, Paul: Bauernwerk in Italien, der italienischen und rätoromanischen Schweiz. Erlenbach-Zürich/Bern 1943/1956.
Sottile, Nicolao: Quadro della Valsesia. Novara 1817.
Toesca di Castellazzo, Gioachino: La Valle Vogna e Cà di Janzo. Turin 1908.
Wilson, Claude: The Corno Bianco. London 1895.

Dank

Ohne Ennio Fanetti wäre aus meiner Absicht, ein Buch über Menschen in den piemontesischen Bergen vorzulegen, nicht viel geworden. Ich danke ihm, allen freundlichen Leuten im Val Vogna sowie den folgenden Helferinnen und Helfern: Giuliana und Carlo Barozzi, Nuria Cardinale, Marco und Marino sowie Mario, Osvaldo, Piero und Ugo Carmellino, Marta und Franco Fanetti, Elisabetta Farinetti, Ester und Pietro Ferraris, Silvana Ferraris, Elvise Fontana, Lino Gabbio, Angiolina und Florindo Gens, Lucia Gens, Angela Gens-Arienta, Ada Giacomino, Dr. Albert Hofmann, Silvio Jachetti, Helmut Krämer, Dr. Silvester Lechner, Albrecht Leitz, Don Dario Lenticchi, Carlo Locca, Nelly Micheletti, Remo Lora Moretto, Elena Ronco-Valzer, Dr. Otmar Schäuffelen, Lodovico Sella, Winfried Schmitt, Emilio Stainer, Gert Trego, Silvino Vaira, Giampiero Viotti, Brigitte Vogel-Neubronner, Kurt Wanner, Dr. Gebhard Weig und Gerd Westerhoff.

Wenige Namen oder Details in diesem Buch wurden verändert. Alles andere, früher wie jetzt, entspricht der Wirklichkeit.

Bildnachweis: Alle Aufnahmen vom Autor, ausgenommen die Fotos der Seiten 61 (Sammlung Piero Carmellino), 65 (Kirchengemeinde Riva), 127 (Archiv Lino Gabbio), 133 (Fondazione Sella / Biella), 167 (Sammlung Lucia Gens) und 173 (Elvise Fontana). Die Karte des Vognatals zeichnete Vital Eggenberger, Maienfeld / Schweiz.

Zum Autor

Eberhard Neubronner fuhr zur See, war Fotograf und Kameramann, arbeitete als Zeitungsredakteur und Radioreporter. Sein Buch ›Der Weg‹ erhielt 1994 den Literaturpreis des Deutschen Alpenvereins.